KB261322

날로 먹는 漢字

원종호 지음 · 김복태 그림 

에디터
editor

쉽고 재미있는 漢字 학습서

우리는 漢字를 학습하기 전에 먼저 왜 漢字를 배워야 하는지를 분명히 아는 것이 매우 중요하다.

왜냐하면 지금 미국에서도 약 2400개 학교에서 漢字를 배우고 있는데, 그것은 중국을 알기 위함이고, 중국어를 배우기 위함이고, 따라서 부득이 漢字를 학습하지 않을 수 없는 것이다.

그러나 한국에서 漢字를 배우는 것은 중국어 학습은 차후 문제이다. 우리는 일차적으로 우리말의 70% 이상의 어휘가 漢字로 되어 있기 때문에 우선 국어를 올바로 알고 말하기 위하여 漢字를 배워야 한다.

우리말의 어휘는 고유어와 漢字語로 되어 있기 때문에 '하늘·땅·먹다' 등 고유어만이 우리말이 아니라, '사기·부친·국가' 등 漢字語도 분명히 우리말이다. 왜냐하면 '國家'를 '국가'라고 발음하고 '나라'라는 뜻으로 서로 소통하는 나라는 한자 문화권에서도 우리나라뿐이다. 그러므로 '국가(國家)'도 우리말이다.

고유어는 한글만으로 해결할 수 있지만, 漢字語인 '사기'는 한글로

썼을 때 그 의미를 알 수 없다. 왜냐하면 '사기'의 동음이의어가 국어사전에 20여 가지가 있으니 한글로는 해결할 수 없다. 다시 말해서 한자로 '史記·士氣·砂器·詐欺…' 등으로 써 놓아야 그 뜻을 구별해서 알 수 있다.

그러므로 우리말의 문자 활동은 반드시 한글과 漢字를 함께 써야 완벽한 국어 생활을 할 수 있다.

따라서 우리나라에서는 한글만이 國字가 아니라, 漢字도 國字라는 올바른 인식을 해야 한다. 이렇게 인식이 될 때 왜 漢字를 배워야 되는가를 스스로 깨닫고 스스로 배우게 될 것이다.

《날로 먹는 漢字》는 우리말 곧 國字로서 漢字를 배울 수 있도록 저자가 오랫동안 심혈을 기울여 연구한 생활의 학습서이다.

이 책의 두드러진 특징은 학습자가 우선 수불석권(手不釋卷)의 재미를 가지고 익힐 수 있도록 매 글자마다 그림으로써 풀이한 것이다.

또한 이 책은 오늘날 시중에 쏟아져 나오는 제멋대로의 불확실한 자원풀이를 피하고, 우선 학습자가 재미있게 빨리 익힐 수 있도록 저자 자신의 예리한 감각으로 풀이하였다.

학습자들을 위하여 저자가 공학도로서 일반적인 한자 학습서와 달리 흥미 위주로 제작했다고 밝힌 솔직함의 겸허함이 매우 마음에 들어 독자들에게 일독을 추천하는 바이다.

陳 泰 夏

인제대학교 석좌교수
전국한자교육추진총연합회 이사장

　사실 나는 대학에서 건축학을 전공하였고, 자원학(字源學)을 비롯하여 한자 공부와는 거리가 먼 사람입니다. 학창 시절도 한글 전용 세대였기 때문에 한자를 체계적으로 제대로 배우지를 못하였습니다. 기껏해야 손으로 무작정 한자를 쓰면서 공부한 것이 전부입니다.

　그런데 회사 일로 가족과 함께 해외에서 10년 이상 근무하다 보니 아이들이 학교에서 영어로 공부를 하지만 우리말을 배울 기회가 적어서 고민이 되었습니다. 특히 한자로 이루어진 우리말을 어려워하였습니다. 아이들이 한자를 익힐 책을 찾다가 목마른 사람이 우물을 판다고, 결국 내가 다시 한자 공부를 하면서 직접 아이들에게 한자를 가르치기 시작하였습니다. 그 과정에서 나름대로 한자 공부 방법을 정리한 것이 이 책입니다.

　한자는 어떤 의미에서는 상형문자라기보다 반쪽짜리 소리글자라고 생각하면 됩니다.

　처음에는 모양을 형상화한 상형(象形)문자들을 만들었지만, 사회가 발전하면서 다양한 어휘가 폭발적으로 늘어나자 뜻을 나타내는 부분과 음을 나타내는 부분을 조합하여 형성(形聲)문자를 만들어 쓰게 되었습니다. 현재 사용하는 한자의 70% 이상이 형성문자에 해당됩니다.

　한자의 대부분을 차지하는 형성문자는 음이 같거나 비슷한 글자들끼리 함께 묶어 놓고, 그 글자들끼리 비교하면서 공부하면 한자의 음을 쉽게 읽을 수 있는 이점이 있습니다. 사람의 두뇌는 비슷한 음들을 유추할 수 있는 수평적 사고 능력을 가지고 있기 때문입니다. 다만 이 책에서는 사람의 뇌가 별 무리 없이 유추할 수 있는 음의 범위를 '초성, 모음, 받침'에서 하나만 바뀐 경우로 한정하였습니다.

이 책은 한자를 모르는 어린이들을 대상으로 한 것이 아닙니다. 오히려 한자를 단편적으로나마 어느 정도 알고 있는 청소년 이상의 학생이나 성인들이 한자를 쉽게 공부할 수 있도록 만든 책입니다.

한자를 전혀 모르는 어린이들은 만화를 이용한 한자 책을 통해 한자에 흥미를 가지게 하는 것이 더 바람직할 것입니다. 그러나 수준이 올라가면 비슷비슷한 한자들이 나오기 때문에 그 글자들을 눈으로만 외우기는 힘들어지므로 보다 체계적인 학습 방법이 좋습니다.

끝으로 이 책을 만드는 데 많은 조언을 해 준 아내와 두 딸에게 고마움을 전합니다. 또한 쉽고 재미있는 한자 공부에 도움 되는 그림들을 그려 주신 김복태 선생님과 에디터출판사에 깊은 감사를 드립니다.

원종호

산의 정상에 오르는 방법은 다양합니다

산의 정상에 오를 때 어떤 사람은 산길을 이용하여 힘들게 오르고, 어떤 사람은 케이블카를 타고 쉽게 오릅니다.

여러분이 오르고자 하는 산의 정상, 즉 목적이 한자의 학문적인 연구라면 이 책은 적절하지 않습니다. 이 책은 한자를 학문적으로 서술한 책이 아니기 때문입니다.

그러나 여러분이 오르고자 하는 산의 정상, 즉 목적이 한자를 쉽게 기억하고 실생활에 적용하는 것이라면 바로 이 책이야말로 여러분이 찾던 책입니다.

이 책에서는 한자의 학문적인 면을 강조하기보다는 한자를 쉽게 기억할 수 있도록 하는 데 우선을 두었습니다.

한 예로, 다음 한자들은 음이 같거나 비슷한 경우입니다.

검(劍), 검(檢), 검(儉), 험(險), 험(驗)

그러나 음을 나타내는 부분인 僉(첨)은 상용한자가 아니며, 현대에는 쓰이는 단어도 없는 한자입니다. 그러므로 이 책에서는 한자 僉(첨)을 별도로 서술하지 않고, 그 대신 僉의 음을 '검'으로 가정하였습니다.

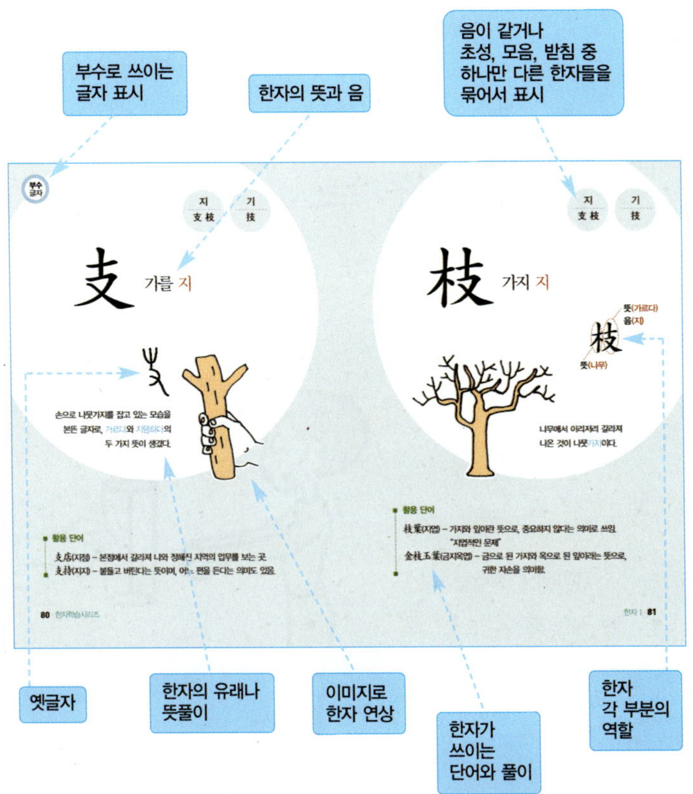

이 책에 수록된 한자 중 일부 글자의 자원(字源) 풀이는 학술적으로 인정된 것이 아님을 밝혀 둡니다. 한자를 배우려는 독자들로 하여금 쉽고 재미있게 익히도록 하는 데 중점을 두었기에 어떤 글자는 본래의 자원과는 다르게 유머러스하게 풀이하였습니다. 그러므로 한자를 익히는 데 참고로 하되 학설로는 받아들이지 않기를 바랍니다.

付 줄 부

뜻(사람)

付
뜻(손)

사람에게 손으로 주다.
付 자는 청하다는 뜻으로
쓰이기도 한다.

■ **활용 단어**

配付(배부) – 나누어 줌. "합격 통지서를 배부하다"
付託(부탁) – 어떤 일을 해 달라고 청함.

附 붙을 부

음(부)

附

뜻(언덕)

언덕에 집들이
붙어 있는 모습을
연상하라.

■ **활용 단어**

附着(부착) – 붙어서 떨어지지 않음.
添附(첨부) – 덧붙임.

符 부신 부

뜻(대나무)

음(부)

쪼개진 대나무 쪽을 맞추니
부신이 들어맞다.
符 자는 부호라는
의미로 쓰이기도 한다.

■ **활용 단어**

符信(부신) – 대나무 쪽 등에 글을 쓰고 두 조각으로 나누어 한 조각씩
나누어 가졌다가 나중에 서로 맞추어서 증거가 되게 한 물건.
符合(부합) – 들어맞아 합함.
符號(부호) – 어떤 뜻을 나타내기 위하여 정하고 쓰는 기호.

寶

보배 **보**

뜻(옥) 寶 뜻(집)
뜻(항아리)
뜻(재물)

집 안의 항아리에
옥과 재물인 보배가
넘쳐나다.

활용 단어

寶物(보물) – 보배로운 물건.
寶庫(보고) – 보배를 보관한 창고.

府 관청 부

뜻(집)

음(부)

국가의 일을 보는
집이 관청이다.

■ **활용 단어**

立法府(입법부) – 법률 제정을 담당하는 관청.
行政府(행정부) – 행정을 맡아보는 관청.

腐 썩을 부

고기가 썩다
腐 자에는 낡다는
뜻도 있다.

■ 활용 단어

腐敗(부패) – 썩어서 못쓰게 되는 것.
陳腐(진부) – 케케묵고 낡음. "진부한 생각"

祭 제사 제

손으로 고기를
신에게 드리며
제사 지내다.

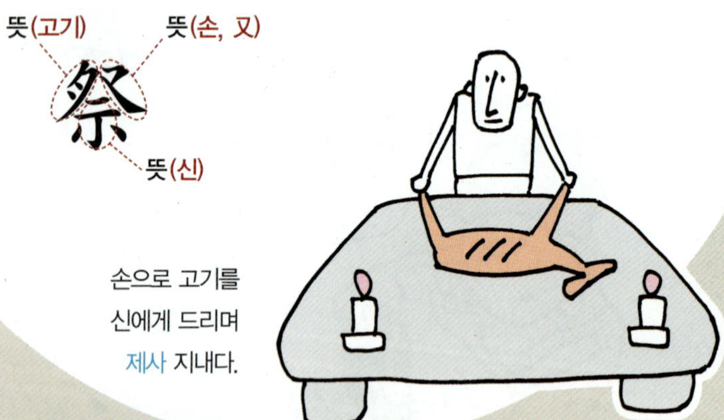

■ **활용 단어**

祭祀(제사) – 신에게 제물을 드리는 의식.
祭物(제물) – 제사에 쓰는 음식물.

14

際 사귈 제

언덕에서
제사 드리기 위해
모여 사귀다.

■ **활용 단어**

交際(교제) – 서로 사귐.
國際(국제) – 여러 나라가 관계되거나 모임.

15

살필 **찰**

뜻(집)

뜻(제사)

집에서 제사 지내기 위해
두루 살피다.

■ **활용 단어**

觀察(관찰) – 자세히 보면서 살핌.
洞察(통찰) – 꿰뚫어 살펴서 아는 것. "통찰력"

赤 붉을 적

炎

사람을 불에 태워 죽이는
모습을 본뜬 글자이다.
赤 자는 벌거벗다는
의미로도 쓰인다.

■ 활용 단어

赤色(적색) – 붉은색.
赤裸裸(적나라) – 벌거벗음.

尙 높을 상

그림처럼 높이 솟아 있는
모습의 글자를 연상하라.
尙 자에는 아직이란
뜻도 있다.

■ 활용 단어

高尙(고상) – 수준이 높음.
時機尙早(시기상조) – 어떤 일을 하기에는 아직 시기가 이름.

賞 상줄 상

재물로 상을 주다.
賞 자에는 감상하다는
뜻도 있다.

■ **활용 단어**

賞金(상금) – 상으로 주는 돈.
鑑賞(감상) – 예술 작품을 이해하고 음미하며 즐김.

裳 치마 상

음(상)

裳

뜻(옷)

옷 중에서 치마.

■ 활용 단어

衣裳(의상) – '저고리와 치마' 라는 뜻으로, 차려입은 옷을 의미.

20

常

항상 **상**

무슬림 여성들이 항상 천으로
얼굴을 가린 모습을 연상하라.
常 자에는 보통이라는
뜻도 있다.

■ 활용 단어

恒常(항상) – 언제나.
常識(상식) – 보통 사람이 알고 있는 지식.

償 갚을 상

사람에게
재물로 갚다.

■ 활용 단어

報償(보상) – 남에게 진 빚을 갚음.
賠償(배상) – 법률 용어로, 손해를 갚음.

嘗 맛볼 상

글자의 아랫부분 旨(지)는
'맛'을 의미한다.

■ **활용 단어**

臥薪嘗膽(와신상담) – 섶에 몸을 눕히고 쓸개를 맛본다는 뜻으로, 목적을
달성하기 위하여 괴로움을 참고 견디는 것을 의미.
중국 고사에 나오는 이야기이며, 원수를 갚기 위하여
일부러 자신을 힘들게 하며 복수를 다짐하였음.

음(상→당)

堂

뜻(땅)

땅 위에 있는 집.

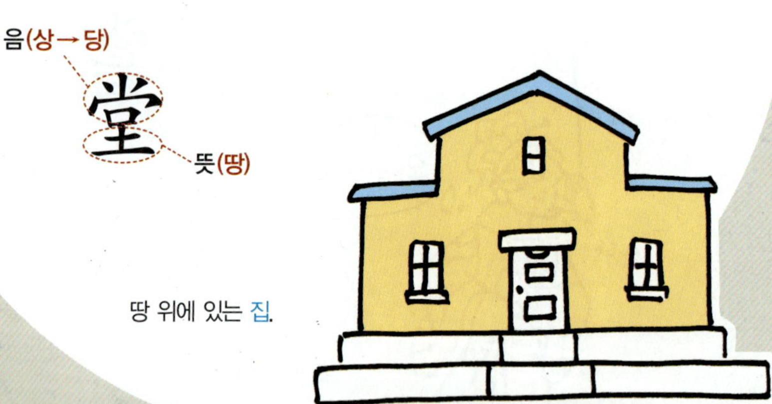

■ 활용 단어

食堂(식당) – 식사를 하는 집.
講堂(강당) – 강연이나 강의하는 집.

當 마주 대할 당

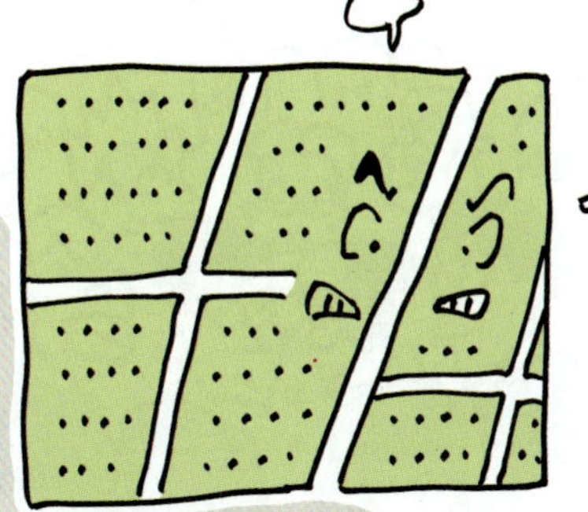

밭이 마주 대하다.
當 자에는 맡다, 마땅하다,
그라는 뜻도 있다.

활용 단어

當面(당면) – 얼굴을 마주 대하듯 눈앞에 닥친 것. "당면한 문제"

擔當(담당) – 어떤 일을 맡음.

當然(당연) – 마땅함.

當代(당대) – 바로 그 시대. "당대 최고의 사상가"

黨

무리 당

글자의 아랫부분은
黑(검을 흑)이다.
검은 옷을 입은 무리.

■ 활용 단어

作黨(작당) – 무리를 이룸. "머슴들이 작당을 해서"
政黨(정당) – 정치적 목적으로 모인 무리.

掌 손바닥 장

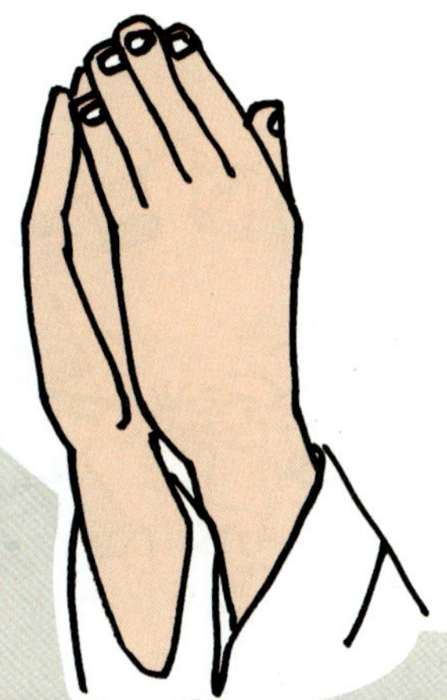

손의 손바닥.

■ **활용 단어**

合掌(합장) – 두 손바닥을 합함.

掌握(장악) – 손바닥 안에 잡아쥠. 무엇을 마음대로 할 수 있게 됨을 의미.

백
白 伯

박
拍 泊 迫

벽
碧

白

흰 **백**

희다는 뜻이며,
그림을 연상하라.
白 자는 깨끗하다,
분명하다, 아뢰다의
뜻으로도 쓰인다.

■ **활용 단어**

白旗(백기) – 흰 빛깔의 기.
潔白(결백) – 잘못이 없고 깨끗함.
明白(명백) – 밝고 분명함.
告白(고백) – 사실대로 아룀.

伯 맏 백

머리가 흰 사람은
나이가 제일 많은
맏이이다.

■ **활용 단어**

伯父(백부) – 큰아버지.
伯仲之勢(백중지세) – '백중'은 맏이와 둘째라는 뜻으로, 서로 우열을
　　　　　가리기 힘든 경우를 의미.

拍

손뼉칠 박

뜻(손)

음(백→박)

손으로 손뼉치다.
拍 자에는 박자라는
뜻도 있다.

■ **활용 단어**

拍手(박수) – 두 손뼉을 마주 침.

拍子(박자) – 음악에서 강한 소리와 약한 소리가 거듭되는 것.

泊 머무를 박

음(백→박)

泊

뜻(물)

물가에 배를 대고
머무르다.

■ 활용 단어

碇泊(정박) – 배가 닻을 내리고 머무름.

外泊(외박) – 자기 집이 아닌 밖에서 머무르고 잠을 잠.

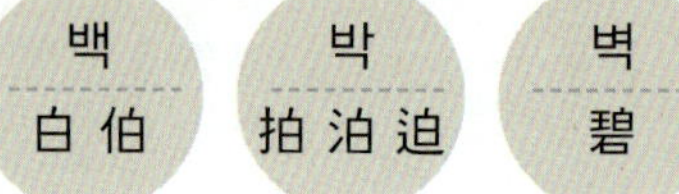

迫 핍박할 박

나아가며 핍박하다.
迫 자에는 닥치다는
뜻도 있다.

■ 활용 단어

驅迫(구박) – 내몰며 핍박함.
臨迫(임박) – 가까이 닥쳐옴.

碧 푸를 벽

뜻(옥)　　음(백→박)

碧

뜻(돌)

돌에서 캔 옥이 푸르다.

■ **활용 단어**

碧眼(벽안) – 푸른 눈이란 뜻으로, 서양 사람을 의미.
碧溪水(벽계수) – 푸른빛의 시냇물.

青

푸를 청

푸르다는 뜻이며,
그림을 연상하라.

■ **활용 단어**

青色(청색) – 푸른색.
青春(청춘) – 푸른 싹이 돋아나는 봄철이라는 뜻으로, 인생의 젊은 나이를
의미.

晴 갤 **청**

뜻(푸르다)
음(**청**)

뜻(해)

비가 온 후 해가 나타나며
하늘이 푸르게 되니
날이 개다.

■ 활용 단어

快晴(쾌청) – 하늘이 개어 상쾌함.

清 맑을 청

뜻(물)

음(청)

물이 맑다.

■ **활용 단어**

清潔(청결) – 맑고 깨끗함.
清純(청순) – 깨끗하고 순수함.

청할 청

음(청)

뜻(말)

말로 청하다.

■ **활용 단어**

請婚(청혼) – 결혼하기를 청함.
懇請(간청) – 간절히 청함.

情 감정 정

뜻(마음)

음(청 → 정)

마음속에 지니고 있는 감정.
남녀 간의 사랑도
마음에서 일어나는 현상이기에
情 자의 뜻이 되었다.

■ **활용 단어**

愛情(애정) – 사랑하는 감정.
情事(정사) – 사랑에 관련된 일이란 뜻으로, 남녀의 육체적 행위를 의미.

精 정할 정

음(청→정)

精

뜻(쌀)

쌀을 찧어 정하게 하다.
精 자에는 세밀하다,
정성, 정기, 정액의
뜻도 있다.

■ 활용 단어

精米(정미) – 쌀을 찧어 정하게 함. "정미소"
精密(정밀) – 자세하고 꼼꼼하게 다루는 것.
精誠(정성) – 어떤 일을 위하여 온 힘을 다하려는 참되고 성실한 마음.
精氣(정기) – 사물의 순수한 기운.
精液(정액) – 수컷의 생식기에서 나오는 액체.

畏 두려워할 외

머리에 무서운 가면을 쓰고
그에 어울리는 옷을 입은
모습에서 두려워하다는
뜻을 연상하라.

■ 활용 단어

敬畏(경외) – 공경하고 두려워함. "신을 경외하다"

지게 **호**

門(문) 자의 반쪽을 본뜬 글자로,
외짝문을 뜻한다.
더 나아가 집이라는 뜻도
가지게 되었다.
참고로, 지게는 지게문을
의미한다.

窓戶(창호) – 창과 문.
戶籍(호적) – 호주와 가족의 관계를 적은 문서.

方 모 방

마름모의 네모진 모양에서
모, 방위를 연상하라.
方 자에는 장소, 방법이라는
뜻도 있다.

■ **활용 단어**

方舟(방주) – 네모 모양의 배. "노아의 방주"
四方(사방) – 동, 서, 남, 북 네 방위.
近方(근방) – 가까운 곳.
方法(방법) – 수단.

房 방방

뜻(외짝문)

음(방)

외짝문을 열고
방으로 들어가다.

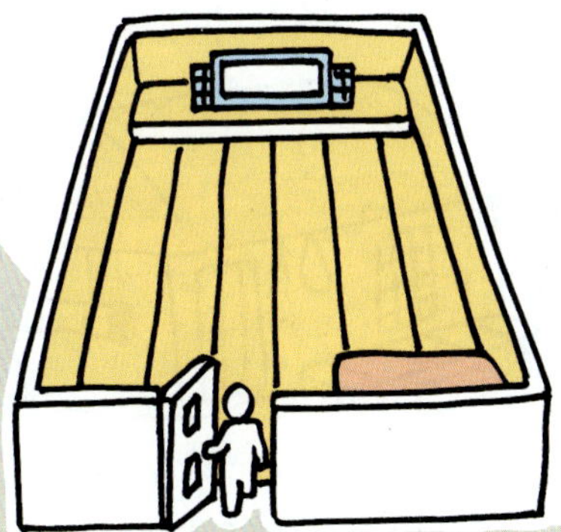

■ **활용 단어**

暖房(난방) – 방을 따뜻하게 함.
監房(감방) – 감옥

訪 찾을 방

뜻(말)

訪

음(방)

말하기 위해 찾다.

■ **활용 단어**

訪問(방문) – 누구를 찾아가서 물어봄.
巡訪(순방) – 여러 지역을 차례로 방문함.

防 막을 방

■ **활용 단어**

防火(방화) – 불이 나는 것을 막음.

防波堤(방파제) – 파도를 막기 위하여 쌓은 둑.

45

妨 방해할 방

뜻(여자)

음(방)

여자가 방해하다.

■ **활용 단어**

妨害(방해) – 남의 일에 훼방을 놓고 해를 끼침.

無妨(무방) – 방해가 없다는 것이므로 아무 문제가 없다는 의미.

芳 향기 방

뜻(풀)

음(방)

풀꽃에서 나는 향기.
芳 자에는 꽃답다,
아름답다는
뜻도 있다.

■ **활용 단어**

芳香劑(방향제) – 향기를 내는 약제.
芳年(방년) – 이십 세 전후의 한창 젊은 꽃다운 나이. "방년 십팔세"
芳名錄(방명록) – 어떤 일에 참여하거나 찾아온 사람들의 이름을 적어
놓는 책.

放 내쫓을 방

음(방)

뜻(치다)

몽둥이로 쳐서 내쫓다.
放 자에는 내놓다, 버려두다,
멋대로 하다의 뜻도 있다.

■ **활용 단어**

追放(추방) – 밖으로 내쫓아 버림.
放出(방출) – 밖으로 내놓음. "에너지의 방출"
放任(방임) – 내버려 둠.
放蕩(방탕) – 좋지 않은 것에 빠져 행실이 좋지 못함.

倣 본뜰 방

음(방)

倣

뜻(사람)

사람을 따라 본뜨다.

■ **활용 단어**

模倣(모방) – 어떤 것을 본뜸.

傍 곁 방

뜻(사람)

음(방)

사람의 곁.

■ **활용 단어**

傍觀(방관) – 곁에서 보기만 함.
傍聽(방청) – 곁에서 들음.

방 방

음(방)

榜

뜻(나무)

나무판자에
방을 붙이다.

■ **활용 단어**

落榜(낙방) – 시험에 떨어짐.
標榜(표방) – 방에 표시하여 널리 알림. "자주독립을 표방하다"

染 물들일 염

나무에서 나오는 물로
아홉 번 물들이다.

染色(염색) – 물을 들임.
染料(염료) – 염색에 쓰이는 재료.

손톱 조

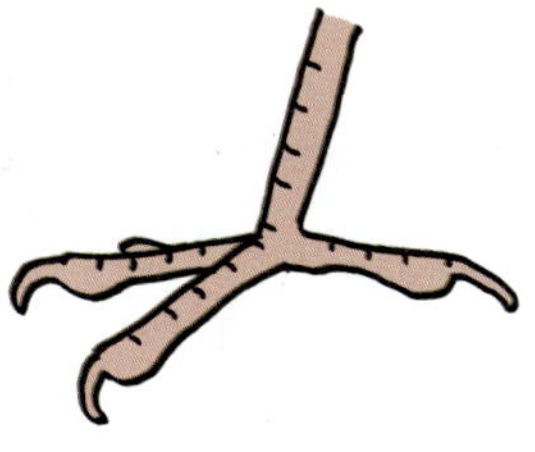

날카로운 발톱이 보이는
새의 발 모양을 본뜬 글자이다.
부수로 쓰일 경우에는 손으로 해석되며,
爫 로 나타낸다.

사용 예 : 爭(다툴 쟁)

採 가려낼 **채**

뜻(손)
음(채)

글자의 오른쪽 부분 采가 손을
나타내는 부수 爫와 나무 木이므로
손과 손을 써서 나무에서 과일을
가려내어 따다는 뜻이다.
採 자에는 캐다는
뜻도 있다.

■ **활용 단어**

採擇(채택) – 가려서 뽑음.
採鑛(채광) – 광물을 캐는 것.

菜 나물 채

풀 중에서 먹을 수
있는 나물.

▪ 활용 단어

菜蔬(채소) – 푸성귀.
野菜(야채) – 들에서 가꾸는 채소.

彩 채색 채

음(채)

뜻(터럭)

터럭까지 채색하다.

■ **활용 단어**

彩色(채색) – 여러 가지 고운 빛깔.
색을 칠함.
色彩(색채) – 빛깔.

무늬 삼

속칭으로는 터럭삼이라고도 부르며,
부수로 쓰일 때는
몸에 난 털을 연상하라.

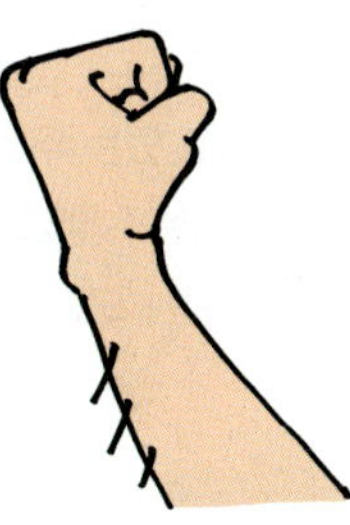

사용 예 : 彩(채색 채)

다툴 **쟁**

뜻(손)

모양(손)

손에 쥐고 있는 무언가를
다른 손이 빼앗으려고
잡는 모양을 본뜬
글자이다.

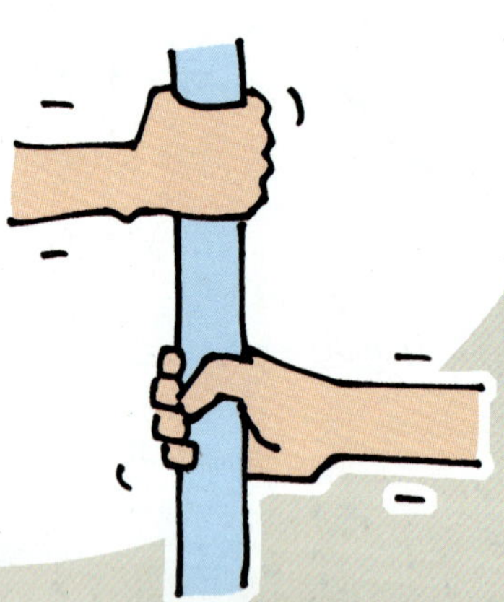

■ **활용 단어**

- 爭取(쟁취) – 다투어서 얻음.
- 爭奪(쟁탈) – 다투어서 빼앗음.

淨 깨끗할 정

물이 깨끗하다.

■ **활용 단어**

淨水器(정수기) – 물을 깨끗하게 하는 기구.
淨潔(정결) – 깨끗함.

靜 고요할 정

음(쟁→정)

푸른 하늘이 고요하다.

■ **활용 단어**

靜肅(정숙) – 고요하고 엄숙함.

靜寂(정적) – 고요함.

計

셈할 계

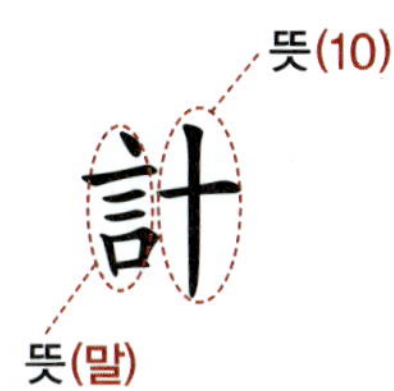

말로 열까지 셈하다.
計 자에는 꾀하다는
뜻도 있다.

■ 활용 단어

計算(계산) – 수를 헤아림.
計略(계략) – 꾀나 수단.

舟 배 주

배 모양을 본뜬
글자이다.

■ **활용 단어**

方舟(방주) – 네모진 모양의 배. "노아의 방주"
一葉片舟(일엽편주) – 하나의 잎사귀처럼 작은 배.

殳 창 수

원래는 날이 없는 창을
손에 든 모습을 본떴으나
부수로 쓰일 때는
긴 몽둥이로 해석한다.

사용 예 : 殺(죽일 살)

般 일반 반

뜻(배)

뜻(몽둥이)

원래 배를 타고 몽둥이, 즉 노를 저어
'운반하다'라는 뜻이었다.
옛날 배는 노를 저어 가는 것이 일반적이었으므로
나중에 일반이라는 뜻으로만 사용되자
'손'을 뜻하는 부수 扌를 추가하여
搬(옮길 반) 자를 만들었다.

■ **활용 단어**

一般(일반) – 한 종류라는 뜻으로, 두루 통하는 것을 의미. "일반 상식"

搬 옥길 반

음(반)

搬

뜻(손)

손으로 옮기다.

■ 활용 단어

- 運搬(운반) – 옮겨 나름.
- 搬入(반입) – 옮겨서 들이는 것.

盤 쟁반 반

음(반)

뜻(그릇)

그릇 중의 하나인 쟁반.
盤 자에는 받침이란
뜻도 있다.

■ 활용 단어

錚盤(쟁반) – 음식 그릇을 받치는 데 쓰는 크고 넓적한 큰 그릇.
地盤(지반) – 땅바닥.

肩 어깨 견

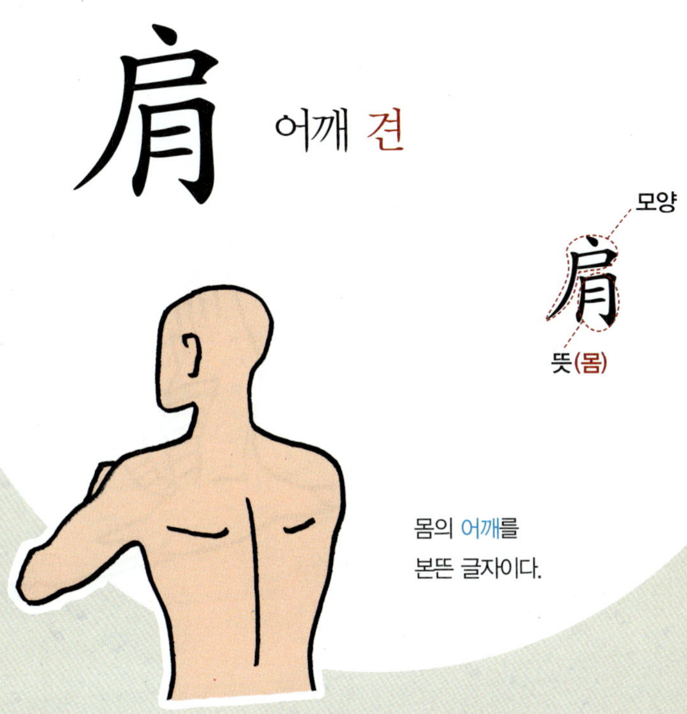

몸의 어깨를
본뜬 글자이다.

활용 단어

比肩(비견) – 어깨를 나란히 한다는 뜻으로, 정도가 서로 비슷함을 의미.
　　　　　"다빈치와 비견할 만한 화가"
肩章(견장) – 군인이나 경찰관이 제복의 어깨에 붙이는 표장. "견장을 달다"

飛 날 비

새가 날개를 치며 날아가는 모습을
본뜬 글자이다.

■ **활용 단어**

飛行機(비행기) – 하늘을 날아다니는 운송 수단.
飛躍(비약) – 날아오르듯 뛰어오름.

 분별할 변

짐승의 발자국 모양을 나타낸 글자이다.
발자국 모양을 보면 어떤 짐승인지를
분별할 수 있으니까.

사용 예 : 番(차례 번)

番 차례 번

모양

番

뜻(밭)

밭에 짐승의 발자국이
차례로 나 있다.

■ **활용 단어**

順番(순번) – 돌아오는 차례.
番號(번호) – 차례를 나타내는 숫자.

飜 뒤집을 번

날아가다가 뒤집다.
飜 자에는 번역하다는
뜻도 있다.

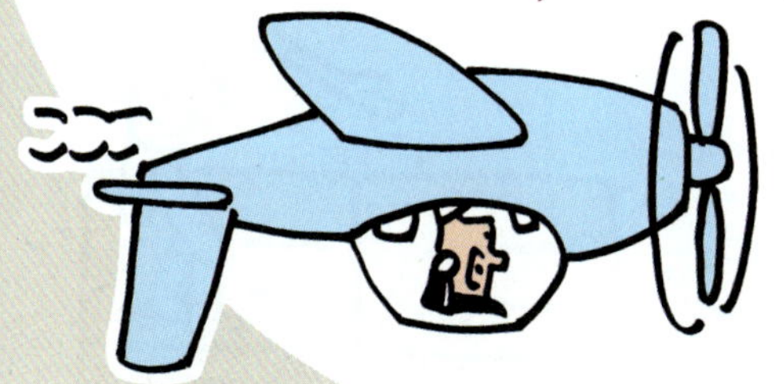

활용 단어

飜覆(번복) – 이미 한 약속이나 말의 내용을 뒤집음.
飜譯(번역) – 다른 언어로 옮김.

播 씨 뿌릴 파

손으로 차례대로 씨를 뿌리다.
播 자는 퍼뜨리다는
뜻으로도 쓰인다.

■ **활용 단어**

播種(파종) – 씨를 뿌림.
傳播(전파) – 전하여 퍼뜨림.

활용 단어

審查(심사) – 살피고 조사함.
審議(심의) – 살피고 의논함.

盾 방패 순

모양

盾 뜻(눈)

눈 주위를 가린 방패.

■ **활용 단어**

矛盾(모순) – 창과 방패라는 뜻이며, 옛날 중국의 어떤 상인이 창과 방패를 팔면서 창은 어떤 방패도 뚫는다고 말하고 방패는 어떤 창도 막는다고 말하여, 앞뒤가 맞지 않은 말이라는 비유로 쓰임.

循 돌 순

음(순)
뜻(방패)
뜻(나아가다)

방패를 들고
나아가며 돌다.

활용 단어

循環(순환) – 되풀이하여 도는 것.

夫 사내 부

사람 모양의 大 자에 비녀 같은 것을
머리에 끼워 놓은 모양이다.
夫 자는 사내라는 뜻의 글자인데,
나중에 지아비 즉
남편이란 뜻으로도
쓰이게 되었다.

■ 활용 단어

大丈夫(대장부) – 건장하고 씩씩한 사내.
夫婦(부부) – 남편과 아내.

扶 도울 부

음(부)

뜻(손)

손으로 돕다.

■ **활용 단어**

扶養(부양) – 도와서 생활을 할 수 있도록 함.
相扶相助(상부상조) – 서로서로 도움.

替 바꿀 체

뜻(사내)　　뜻(사내)

替

뜻(해)

해가 질 때까지
사내들을 바꾸어가며
춤추다.

■ 활용 단어

交替(교체) – 바꿈.
代替(대체) – 다른 것으로 바꿈.

局 판 국

바둑판 앞에서
손에 돌을 잡고 있는
모습을 연상하라.
局 자는 판의 형편을
뜻하기도 하고,
구획된 부분을
뜻하기도 한다.

■ 활용 단어

對局(대국) – 판을 마주 보며 마작이나 바둑을 둠. "이번 대국에서 이기겠다"
政局(정국) – 정치계의 형편.
局地戰(국지전) – 일부 지역에서 싸우는 전쟁.

從

좋을 **종**

뜻(사람)

뜻(사람)

從

뜻(발 足)

뜻(나아가다)

뒷사람이 앞사람을
따라 나아가며
발로 **좇다**.

■ **활용 단어**

追從(추종) – 따르며 좇음.
服從(복종) – 명령을 좇음.

縱 세로 종

음(종)

縱

뜻(실)

실로 꼬아 만든 로프가
세로로 늘어져 있다.
縱 자는 방종하다는
뜻으로도 쓰인다.

■ 활용 단어

縱隊(종대) – 세로로 늘어선 대형. "종대로 모이다"

放縱(방종) – 아무 거리낌없이 제멋대로 행동하는 것.

非 아닐 비

새의 양 날개가 좌우로 서로
다른 모양을 본뜬 글자이다.
다르다는 뜻에서 아니다(not)의
뜻을 나타낸다.
非 자에는 그르다,
나무라다는 뜻도 있다.

■ 활용 단어

非常(비상) – 평상시가 아님.
非行(비행) – 그른 행동.
非難(비난) – 나무람.

悲 슬플 비

음(비)

悲

뜻(마음)

마음이 슬프다.

■ 활용 단어

悲觀(비관) – 어떤 것을 슬프게 봄.

悲痛(비통) – 슬퍼서 마음이 아픔.

排 물리칠 배

뜻(손)

음(비 → 배)

손으로 물리치다.
排 자는 밀어내다는
뜻으로도 쓰인다.

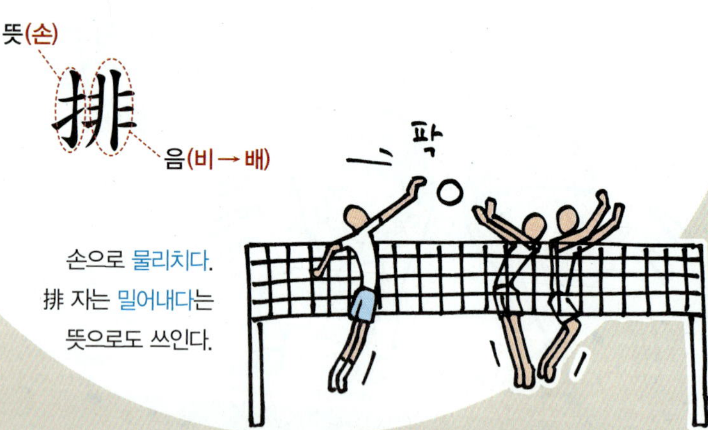

■ 활용 단어

■ 排球(배구) – 공을 물리쳐서 상대편으로 보내는 경기.
■ 排泄(배설) – 몸 안의 찌꺼기를 몸 밖으로 밀어냄.

輩 무리 배

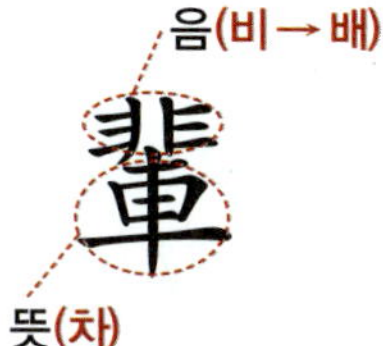

차를 타고 가는 무리.

■ **활용 단어**

輩出(배출) – 무리 지어 나옴. "뛰어난 사람을 많이 배출한 학교"

不良輩(불량배) – 선량하지 않은 무리.

折 꺾을 절

손으로 도끼를
꺾었다 내리치다.
折 자는 타협하다는
뜻으로도 쓰인다.

■ 활용 단어

屈折(굴절) – 굽혀서 꺾임.

折衷(절충) – 타협해서 알맞게 함.

 슬기로울 **철**

음(절→ 철)

뜻(입)

입으로 슬기로운 말을 하다.
참고로 喆 자는 哲 자와
같은 글자로, 이름에
많이 쓰인다.

■ **활용 단어**

明哲(명철) – 총명하고 슬기로움. "명철한 판단"
哲人(철인) – 슬기로운 사람. "소크라테스는 그리스의 철인"

誓 맹세할 서

말을 딱딱 꺾듯이
하면서 맹세하다.

■ **활용 단어**

誓約(서약) – 맹세하고 약속함.
宣誓(선서) – 공개적으로 맹세함.

逝 죽을 서

나아가다가
꺾이어 죽다.

■ 활용 단어

逝去(서거) – '죽음'의 높임말. "황제가 서거하셨다"

急逝(급서) – '갑자기 죽음'의 높임말. "자동차 사고로 급서하다"

苗

모종 묘

뜻(풀)

苗

뜻(밭)

밭에 옮겨 심는
풀 모양인 모종.

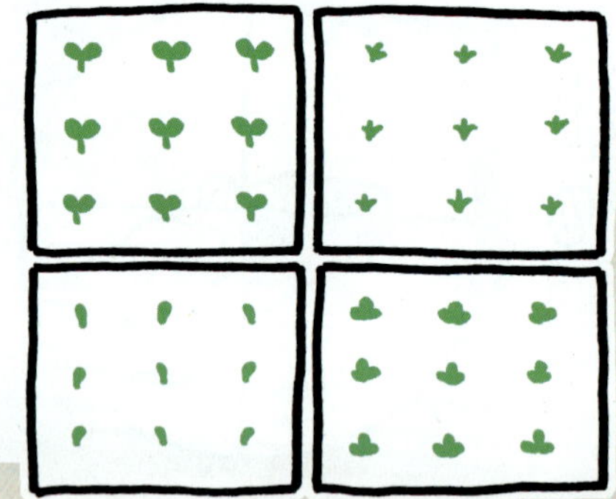

■ **활용 단어**

苗木(묘목) – 모종으로 키우는 어린나무.
苗板(묘판) – 모종을 키우는 판.

酉

닭 유

술단지에 술이 출렁이는
모습을 본뜬 글자이다.
이 글자가 홀로 쓰일 때는
십이지(子丑寅卯辰巳午未申酉戌亥) 중
닭띠인 酉(유)에 해당하며,
부수로 쓰일 때는
술의 의미를 지닌다.

■ 활용 단어

酉時(유시) – 옛날에 시간을 십이지로 구분하였을 때 오후 다섯 시부터
일곱 시까지를 의미.

酌 따를 작

뜻 (술)
음 (작)
모양

술을 따르다.
酌 자의 오른쪽 부분 勺은
국자로 무엇을 뜨는 모습이다.
또한 술을 따를 때는 잘 헤아려야
하기 때문에 헤아리다는
뜻도 생겼다.

■ 활용 단어

對酌(대작) – 서로 마주 대하고 술을 따르며 마심. "밤 늦게까지 대작하다"

參酌(참작) – 여러 상황을 잘 헤아림. "어린 나이를 참작하다"

的 과녁 적

음(작→ 적)

的

뜻(희다)

흰 과녁.

■ **활용 단어**

的中(적중) – 과녁 가운데에 맞음.

標的(표적) – 표시한 과녁. "표적에 명중하다"

約 맺을 약

실을 맺다.
約 자의 오른쪽 부분 勺은 국자 모양처럼
매듭을 맺는 모습으로 연상하라.
約 자는 약속하다, 간추리다, 검소하다의
뜻으로도 쓰인다.

활용 단어

制約(제약) – 제어하고 묶어서 마음대로 못하게 함.
契約(계약) – 약속을 함.
要約(요약) – 요점을 간추림.
節約(절약) – 검소함.

卵 알 란

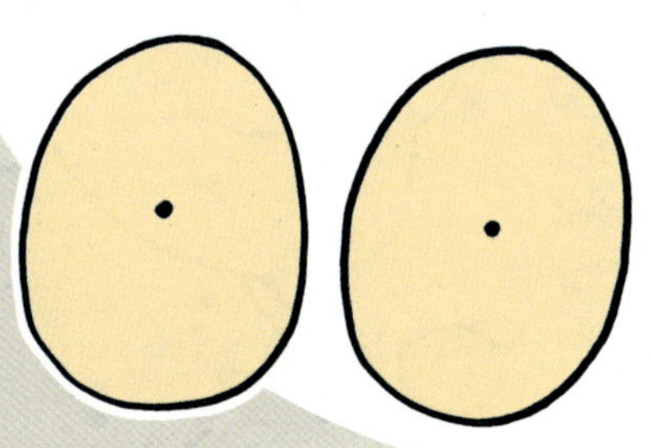

알의 모양을 본뜬 글자이다.
글자 안에 있는 점은
알 속에 들어 있는
생명체를 나타낸다.

활용 단어

鷄卵(계란) – 닭의 알.
産卵(산란) – 알을 낳음. "연어가 산란하다"

孵 알깔 부

孵 자의 오른쪽 부분 孚가
'손'과 '자식'을 뜻하는 부수로
이루어져 있으므로 새가 자식(알)을
손(발)로 챙기며 알 까는
모습을 나타낸다.

■ 활용 단어

孵化(부화) – 알을 까는 것.

浮 뜰 부

물에 뜨다.

■ 활용 단어

浮力(부력) – 기체나 액체 속에서 물체를 위로 떠오르게 하는 힘.

浮上(부상) – 물 밑에서 물 위로 떠오름.

乳 젖 유

자식이 손으로
엄마 젖을 만지며 먹다.
글자의 오른쪽 부분 乚 은
앉아 있는 엄마의
모습을 본떴다.

■ **활용 단어**

母乳(모유) – 어머니의 젖.
乳房(유방) – 젖을 만드는 불룩한 부분.

孔 구멍 공, 공작 공

자식이 엄마 젖을 먹을 때
젖이 나오는 구멍을 뜻한다.
또한 孔 자는 공작이란
새 이름을 나타낸다.

■ 활용 단어

毛孔(모공) – 털구멍.
孔雀(공작) – 새의 한 종류.

申 알릴 신

번갯불이 번쩍이는 모습을
본뜬 글자이다.
번갯불이 번쩍일 때 그 빛이
어둠 속에서 밝게 펼쳐진다.
널리 펼쳐지는 의미에서
알리다는 뜻이 생겼다.

■ 활용 단어

申聞鼓(신문고) – 조선시대에 백성이 억울한 일을 하소연할 때 치게 하던 북.
申告(신고) – 국민이 행정 관청에 어떤 사실을 알리는 일.

伸 늘일 신

음(신)

뜻(사람)

사람이 기지개를
켜는 모습을 나타낸다.
기지개를 켜려면
몸을 늘이듯이 하여야
하기 때문에 늘이다는
뜻이 생겼다.

■ **활용 단어**

伸縮(신축) – 늘고 주는 것.
女權伸張(여권신장) – 여성의 권리를 늘리고 벌리는 일.

神 신 신

뜻(신)

음(신)
모양(번개)

번개를 들고 있는 신.
神 자는 정신이라는
뜻으로도 쓰인다.

■ 활용 단어

神話(신화) – 신에 대한 이야기.
精神(정신) – 육체에 대립되는 마음.

坤 땅 곤

넓게 펼쳐진 땅.

電 번개 전

공중에서 번쩍이는 번개를 나타낸다.
그런데 번개는 전기 현상이므로
전기라는 뜻으로도 쓰인다.

■ **활용 단어**

電擊(전격) – 번개같이 침. "전격 작전"
電流(전류) – 전기의 흐름.

공중에서 번개가 칠 때
나는 천둥소리를 형상화하였다.
雷 자에는 벼락의
뜻도 있다.

■ 활용 단어

雷聲(뇌성) – 천둥소리.
避雷針(피뢰침) – 벼락을 피하기 위해 건물 꼭대기에 설치하는 뾰족한
침 모양의 금속제 막대기.

少

적을 소, 젊을 소

한 개는 적다.
나이가 적으면 젊으므로
少 자는 젊다는
뜻도 있다.

■ **활용 단어**

少數(소수) – 적은 수.
少女(소녀) – 젊은 여자.

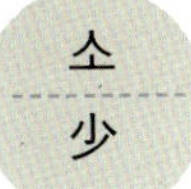

沙 모래 사

물이 적어 드러나는 모래.
참고로 '돌'을 뜻하는 부수
石이 붙은 砂 자도 같은 뜻과
음으로 쓰이고 있다.

■ 활용 단어

沙漠(사막) – 물이 없고 모래만 있는 넓은 땅.
白沙場(백사장) – 흰모래가 깔려 있는 곳.

抄 가려 베낄 초

손으로 가려서 베끼다.

■ **활용 단어**

抄本(초본) – 원본에서 필요한 일부만 뽑아서 베낀 문서. "주민등록 초본"

抄錄(초록) – 필요한 부분만을 가려 뽑아서 적음. "논문의 초록"

秒

시간 단위 초

원래는 곡식의 까끄라기를 의미한다.
까끄라기처럼 작은
시간 단위인 초를 뜻한다.

■ **활용 단어**

秒速(초속) – 1초 동안에 나아가는 속도.
秒針(초침) – 시계에서 초를 가리키는 바늘.

省

살필 성, 덜 생

적은 것도 눈으로 살피다.
전혀 다른 뜻과 음인
덜 생 자로도 쓰인다.

■ **활용 단어**

省察(성찰) – 어떤 것에 대하여 깊이 살핌. "자아 성찰"

省略(생략) – 전체에서 일부를 줄이거나 뺌.

妙 젊을 묘

여자가 젊다.
妙 자에는
예쁘다, 묘하다는
뜻도 있다.

■ **활용 단어**

妙齡(묘령) – 스무 살 안팎의 젊은 나이.
妙態(묘태) – 예쁜 맵시. "묘태를 뽐내다"
妙手(묘수) – 묘한 수.

신
辛 新

친
親

辛

매울 **신**

문신을 할 때 쓰는 도구를
본뜬 글자이다.
찔릴 때 따끔따끔한 느낌에서
맵다라는 뜻이 생겼다.

■ 활용 단어

辛辣(신랄) – 맛이 매우 매움. "신랄하게 비판하다"
千辛萬苦(천신만고) – 천 가지 매운 것과 만 가지 쓴 것이라는 뜻으로,
심하게 고생함을 의미. "천신만고 끝에 이기다"

新 새 신

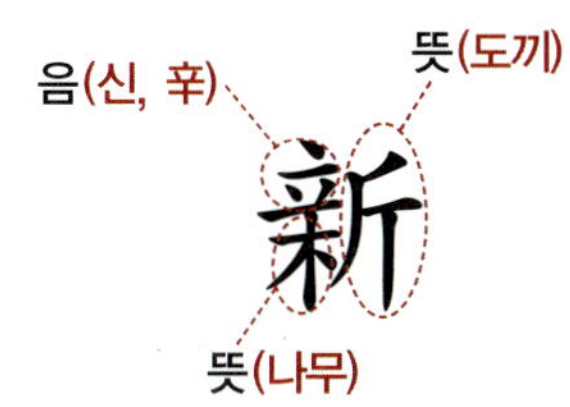

도끼로 잘라서 쓰려는
목재는 새 것.
참고로 글자 왼쪽의 윗부분
立은 '辛(매울 신)'이
변형된 모습이다.

■ **활용 단어**

新年(신년) – 새해.
最新(최신) – 가장 새 것.

親 어버이 친

음(辛 신→친)

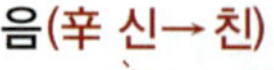

뜻(나무) 뜻(보다)

나무 위에 올라가서 자식이 오나
바라보는 어버이.
親 자에는 친하다, 몸소라는
뜻도 있다.

■ 활용 단어

父親(부친) – '아버지'를 정중히 이르는 말.
親交(친교) – 친하게 사귐.
親書(친서) – 몸소 친히 쓴 문서.

林 수풀 림

뜻(나무)

뜻(나무)

나무와 나무가
우거진 수풀.

■ 활용 단어

山林(산림) – 산과 숲, 또는 산에 있는 숲.
林野(임야) – 숲과 들.

妾 첩 첩

모양(辛)

뜻(여자)

여자 이마에 辛 자처럼 생긴 도구로
문신을 새겨 첩으로 삼다.
옛날에는 전쟁에서 얻은
여자의 이마에 문신을 새겨
첩으로 삼았다.

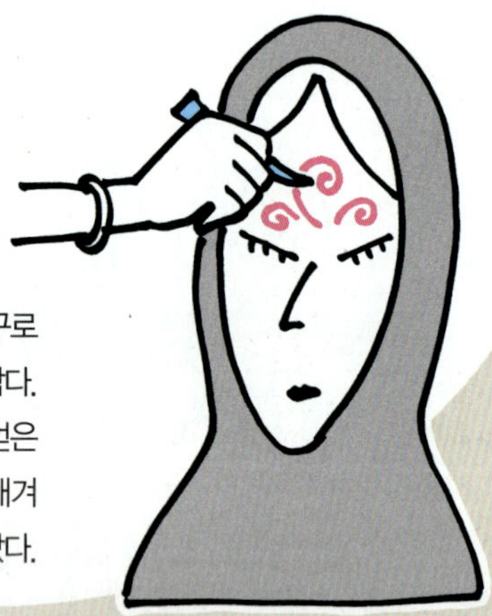

 **활용 단어**

妾室(첩실) – '첩'을 점잖게 부르는 말. "첩실을 두다"
愛妾(애첩) – 사랑하는 첩.

接 댈 접

뜻(첩)
음(첩→접)
뜻(손)

손을 뻗어 첩에게 대다.
接 자에는 대접하다는
뜻도 있다.

■ 활용 단어

接合(접합) – 두 물체를 서로 대어 붙임.
待接(대접) – 손님을 맞아 시중을 드는 것.

117

看 볼 간

뜻(손)

看

뜻(눈)

손을 눈 위에
대고 보다.

■ **활용 단어**

看過(간과) – 대충 보아 넘김.
看護(간호) – 병자를 돌보며 살핌.

尸 주검 시

엉거주춤하게 앉아 있는
몸의 모양을 본떴다.

사용 예 : 尾(꼬리 미)

모
毛

미
尾

毛 털 모

동물 엉덩이 끝에 달린
꼬리 털 모양을 본뜬 글자이다.
毛 자는 가늘다, 식물의
뜻으로도 쓰인다.

■ **활용 단어**

毛織(모직) – 털로 짠 천.
毛細血管(모세혈관) – 가는 핏줄.
不毛(불모) – 땅이 거칠어 식물이 나거나 자라지 않음.

尾 꼬리 미

뜻(엉거주춤)

뜻(털)
음(모→미)

엉거주춤한 몸 뒤에
털이 난 꼬리.
尾 자에는 흘레하다는
뜻도 있다.

■ 활용 단어

尾行(미행) – 몰래 뒤를 밟음.
交尾(교미) – 동물의 암컷과 수컷이 성 관계를 가지는 것

斬 벨 **참**

음(차 → 참)

뜻(도끼)

도끼로 베다.
斬 자에는 매우라는
뜻도 있다.

■ **활용 단어**

斬首(참수) – 목을 벰. "도망병을 참수하다"

斬新(참신) – 매우 새로움. "참신한 아이디어"

122

慙 부끄러워할 **참**

慙
뜻(베다)
음(**참**)
뜻(마음)

마음속으로 자신을
베고 싶을 정도로
부끄러워하다.

■ **활용 단어**

慙愧(참괴) – 매우 부끄러워함. "자학과 참괴 속에"

暫

잠깐 **잠**

뜻(베다)
음(참→잠)

뜻(시간)

베는 데 걸리는
시간은 잠깐.

■ 활용 단어

- 暫時(잠시) – 잠깐의 시간.
- 暫定的(잠정적) – 잠깐 임시로 정한 것.

漸 점점 점

물이 베어내듯 깎여서
점점 작아지다.

■ 활용 단어

漸漸(점점) – 시간이 지남에 따라 조금씩.
漸次(점차) – 차례를 따라 조금씩.

合 합할 합

식기 위에 뚜껑이 덮여
합해지는 모양을 본뜬 글자이다.
合 자에는 맞다는 뜻도 있다.

■ 활용 단어

結合(결합) – 서로 합하여 하나가 됨.
合理(합리) – 이치에 맞음.

答

대답할 답, 갚을 답

뜻(대나무)

답

음(합 → 답)

대나무에 써서 **대답하다**.
또한 대나무로 만든 용기에
감사의 물건을 담아 은혜를
갚다는 뜻도 있다.

■ **활용 단어**

答辯(답변) – 대답하여 말함.
報答(보답) – 남에게 입은 혜택이나 은혜를 갚음.

塔 탑 탑

땅 위에 쌓은 탑.
글자의 오른쪽 부분 荅을
탑 모양으로 연상하라.

■ 활용 단어

石塔(석탑) – 돌로 만든 탑.
佛塔(불탑) – 절에 세운 탑.

給 공급할 급

실을 합하여
공급하다.

■ 활용 단어

配給(배급) – 나누어 공급함.
給食(급식) – 음식을 공급함.

拾 주울 **습**

뜻(손)

뜻(합하다)

손을 합하여 줍다.

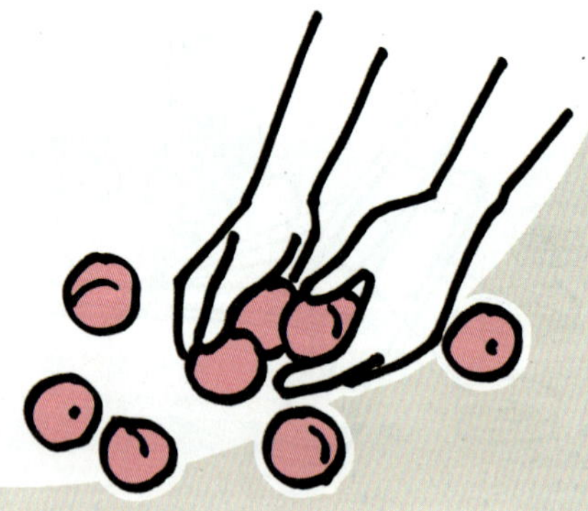

■ **활용 단어**

拾得(습득) – 주워서 얻음.

收拾(수습) – 거두어 들여 정돈함. "유품을 수습하다"

　　　　　　흐트러진 사태를 바로잡음. "민심을 수습하다"

幺 작을 요

작다는 뜻의 부수이다.

사용 예 : 幼(어릴 유)

幾

기미 기

뜻(작다)　　뜻(작다)

幾 자는 원래 베틀을 짜는 기계의
모습을 나타낸 글자로, 글자 모양을
보면 작은 것들이 모여 있다.
그런데 주로 기미라는 뜻으로 쓰이자
나무를 뜻하는 부수 木을 더하여
機(기) 자를 만들었다.

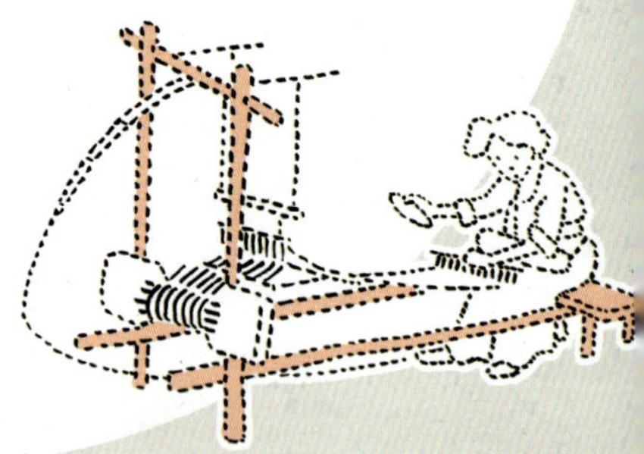

■ **활용 단어**

幾微(기미) – 낌새나 눈치.

機 베틀 기

나무로 만든
베틀이나 기계.
機 자에는 재치, 때,
중요한 것이라는
뜻도 있다.

■ **활용 단어**

機械(기계) – 여러 부분이 함께 움직이며 일을 하는 장치.
機智(기지) – 재치있게 대응하는 슬기.
機會(기회) – 적당한 때.
機密(기밀) – 중요하고 비밀한 일.

畿 경기 기

음(기, 幾)

뜻(밭)

서울 주위의
밭인 경기.

■ 활용 단어

京畿(경기) – 서울을 중심으로 가까운 주변의 땅.

龜

거북 귀, 터질 균, 땅이름 구

거북의 모양을 본뜬 글자이다.
또한 터질 균, 땅이름 구로
쓰일 때도 있다.

■ 활용 단어

龜鑑(귀감) – 거북과 거울이란 뜻이며, 사물의 본보기를 의미.
龜裂(균열) – 터진 틈.
龜尾(구미) – 경상북도에 있는 도시 이름.

縣 고을 현

글자의 왼쪽 부분 県은 부수 首(머리 수)가
거꾸로 된 모습이다. 하나의 줄에 거꾸로 매달린
모습에서 '매달다'라는 뜻이 생겼다.
縣이 고을이라는 뜻으로 주로 쓰이자
縣 자에 '마음'을 뜻하는 부수를 더하여
懸(현) 자를 만들었다.

■ 활용 단어

縣監(현감) – 옛날에 지방 행정 단위의 하나인 현의 우두머리.

懸 매달 현

앞서 설명했듯이 원래 '매달다'라는
뜻의 縣 자가 '고을'이라는
뜻으로 쓰이자 부수 心을 더해
만든 글자이다.
매달면 마음이 어떨까?
懸 자에는 동떨어지다는
뜻도 있다.

■ 활용 단어

懸垂幕(현수막) – 글을 써서 내걸거나 늘어뜨린 천.
懸隔(현격) – 동떨어짐. "현격한 차이"

胃

밥통 위

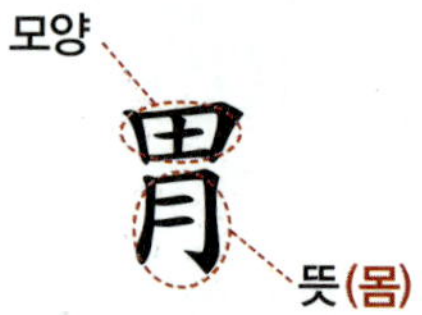

몸속에 있는 밥통.
글자 윗부분 띠은 위에
음식물이 들어 있는
모습이다.

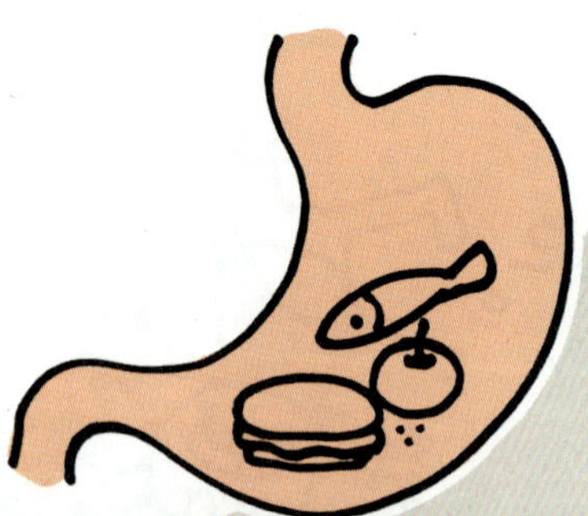

활용 단어

胃癌(위암) – 위에 생긴 암.
胃炎(위염) – 위에 생긴 염증.

謂 이를 위

음(위)
뜻(말)

말로 이르다

■ **활용 단어**

所謂(소위) – 이른바.

甲

갑옷 갑

갑옷을 연상하라.
또한 甲 자는 천간
즉 '갑을병정무기경신임계
(甲乙丙丁戊己庚辛壬癸)의
첫째에 해당한다.

■ 활용 단어

鐵甲(철갑) – 철로 만든 덮개. "철갑선"
還甲(환갑) – 사람이 태어난 지 60년이 되는 때.
甲富(갑부) – 첫째 갈 정도로 큰 부자.

押

누를 **압**, 잡을 **압**

손으로 **누르다**.
押 자에는 **잡다**는
뜻도 있다.

■ **활용 단어**

押釘(압정) – 손가락으로 눌러 박는 쇠못.
押送(압송) – 잡아서 보냄.

虛 빌 허

음(호→허)

모양

글자의 아랫부분 罒은
벽만 남고 속은 비어 있는
건물로 연상하라.
虛 자에는 약하다는
뜻도 있다.

■ 활용 단어

空虛(공허) – 텅 비어 있음. "마음이 공허하다"
虛弱(허약) – 몸이 약함.

142

戲 희롱할 희

뜻(창)

戲

음(허 → 희)

글자의 왼쪽 부분 虛는 ㅛ 위에
앉아 있는 호랑이로 연상하라.
창으로 호랑이를 희롱하다.
戲 자에는 놀다라는 뜻도 있다.
참고로 戱 자도 같은
뜻으로 쓰인다.

■ 활용 단어

戲弄(희롱) – 놀리는 것.
遊戲(유희) – 즐겁게 노는 것.

告 고할 고

뜻(소, 牛)

뜻(입)

소를 제물로 바치며
입으로 고하다.
글자의 윗부분 牛 는
'牛(소 우)'의 변형된
모습이다.

■ 활용 단어

報告(보고) – 어떤 내용을 정식으로 알림.
布告(포고) – 일반에게 널리 알림.

144

浩 클 호

음(고→호)

뜻(물)

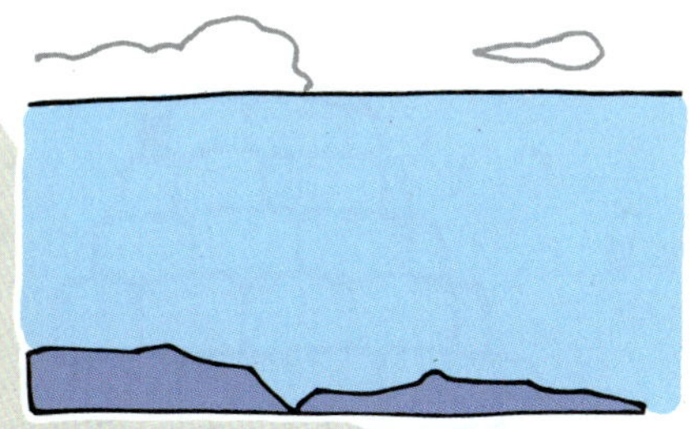

물이 크고 넓다.

■ 활용 단어

浩然之氣(호연지기) – 크고 넓은 기운. "호연지기를 키우다"

造 지을 조

뜻(나아가다)

음(고→조)

나아가며 피라미드를
짓는 장면을 연상하라.

■ **활용 단어**

築造(축조) – 쌓아서 만드는 것.
創造(창조) – 처음으로 만드는 것.

臣 신하 신

신하가 임금 앞에
몸을 구부리고 있는
모습을 연상하라.

■ 활용 단어

忠臣(충신) – 충성을 다하는 신하.
奸臣(간신) – 간사한 신하.

監 볼 감

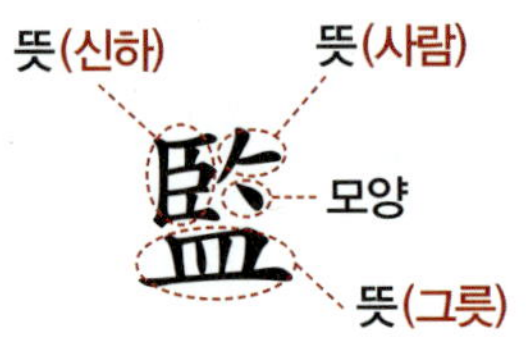

사람이 신하처럼
몸을 구부리고
그릇 속을 보다.

■ 활용 단어

監視(감시) – 주의 깊게 봄.
監査(감사) – 자세히 보고 조사함.

鑑 거울 감

음(감)

鑑

뜻(금속)

금속으로 된 거울.
참고로 옛날에는 금속을 갈아서
거울을 만들었다.
鑑 자에는 살피다는
뜻도 있다.

■ **활용 단어**

龜鑑(귀감) – 본보기로 삼거나 거울로 삼음.
鑑別(감별) – 잘 살피어 구별함.

149

濫 넘칠 람

뜻(물)

음(감→람)

물이 넘치다.
또한 물이 마구 넘치는
모습에서 함부로라는
뜻도 생겼다.

■ 활용 단어

氾濫(범람) – 물이 차서 넘침.

濫用(남용) – 함부로 쓰는 것. "약을 남용하다"

覽 볼 람

監 자도 '보다'라는 뜻인데
여기에 見을 더하여
뜻을 한층 더 뚜렷하게
하였다.

■ **활용 단어**

觀覽(관람) – 구경함.
遊覽(유람) – 두루 돌아다니며 구경함.

凡 무릇 범

돛을 단 배 모양을 연상하라.
처음에는 '돛'을 의미하다가
나중에 무릇, 즉 대체로라는
뜻으로만 쓰이게 되었다.
옛날 배들은 대체로 돛을
사용하였으니까.

■ **활용 단어**

平凡(평범) – 보통 수준임.
非凡(비범) – 보통 수준이 아니고 뛰어남.

帆 ^돛 범

■ 활용 단어

帆船(범선) – 돛단배.
出帆(출범) – 배가 출발함.

工 장인 공, 만들 공

장인이 물건을 만들 때
그림과 같은 공구를 사용하는
모습을 연상하라.

■ **활용 단어**

技能工(기능공) – 기능을 가진 장인.
人工(인공) – 사람이 만든 것.

空 빌 공

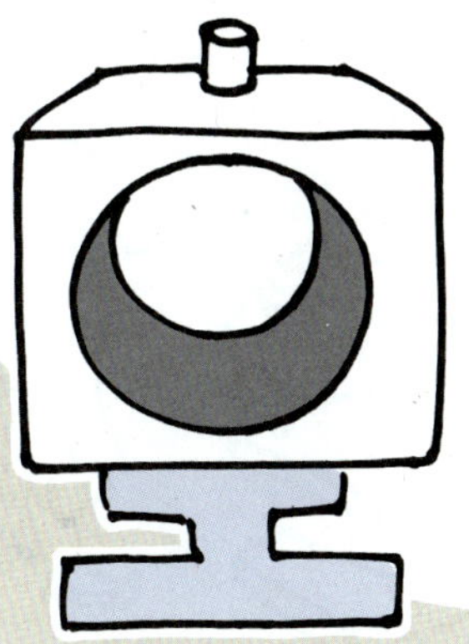

뜻(구멍)

음(공)

구멍에 생긴 빈 공간.
空 자는 하늘, 헛되다는
뜻으로도 쓰인다.

■ 활용 단어

空間(공간) – 빈 곳.
空軍(공군) – 하늘에서 공격과 방어를 하는 군대.
空想(공상) – 헛된 생각.

功 공 공

음(공)

功

뜻(힘)

힘써 이룬 공.

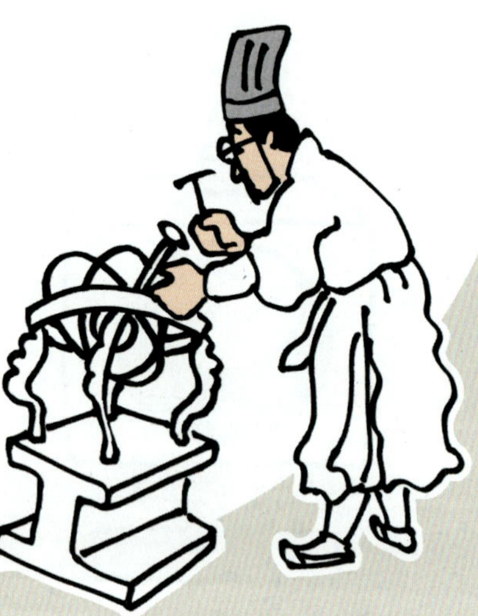

■ 활용 단어

功績(공적) – 공로의 실적.
功勞(공로) – 공을 이루기 위하여 바친 노력과 수고.

攻 칠 공

몽둥이로 치다.
攻 자에는 닦다는
뜻도 있다.

■ **활용 단어**

攻擊(공격) – 적을 침.
專攻(전공) – 전문적으로 닦고 배움.

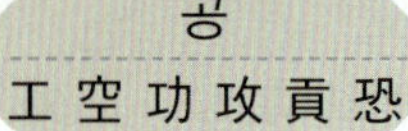

貢

바칠 공

재물을 바치다

■ **활용 단어**

貢物(공물) – 옛날에 백성이 나라에 세금으로 바치던 물건.

朝貢(조공) – 옛날에 약한 나라가 센 나라에 바치던 예물.

恐 두려울 공

凡은 '무릇 범(凡)'이란 글자이다.
무릇 사람들은 마음으로
두려움을 느낀다.
恐 자에는 으르다는
뜻도 있다.

■ **활용 단어**

恐怖(공포) – 두려움.
恐喝(공갈) – 남을 으르면서 소리침.

紅 붉을 홍

뜻(실)

紅

음(공 → 홍)

실을 붉게 만들다.

■ 활용 단어

朱紅(주홍) – 붉은색에 일부 노란색이 섞인 색.

紅茶(홍차) – 붉은색의 차.

鴻 큰기러기 홍

음(공→홍)   뜻(새)

鴻

뜻(물)

물에 사는
새인 큰기러기

■ 활용 단어

鴻雁(홍안) – 큰 기러기와 작은 기러기.

江 큰내 강

물이 흐르는 큰 내.

활용 단어

江邊(강변) – 강가.

江山(강산) – 강과 산.

주살 익

弋은 주살이란 뜻의 부수인데,
그림과 같이 줄을 매어
쏘는 화살을 가리킨다.

사용 예 : 式(법 식)

式 법 식

주살을 만드는 법.

- **활용 단어**

禮式(예식) – 예법에 따른 의식. "예식을 거행하다"
公式(공식) – 공적인 방식. "공식 방문"

試 시험할 시

음(식→시)

試

뜻(글)

글로 시험하다.

■ 활용 단어

試驗(시험) – 실력을 검사하고 평가하는 일.
入試(입시) – 입학생을 뽑기 위하여 치르는 시험.

巴 뱀 파

뱀이 눈을 크게 뜨고
있는 모습을 연상하라.

■ 활용 단어

三巴戰(삼파전) – 세 마리의 뱀이 서로 싸운다는 뜻으로, 셋이 싸우는 것을 의미.

把 잡을 파

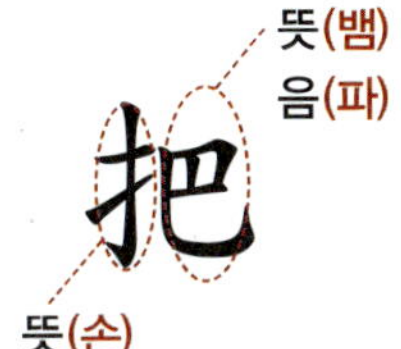

손으로 뱀을 잡다.
把 자에는 지키다는
뜻도 있다.

■ **활용 단어**

把握(파악) – 확실하게 잡아 이해함.

把守(파수) – 지킴. "파수꾼"

肥 살찔 비

뱀이 먹이를 먹고 나서
몸을 잔뜩 부풀리는 모습에서
살찌다는 뜻을 연상하라.
肥 자에는 기름지다는
뜻도 있다.

■ 활용 단어

肥大(비대) – 살이 쪄서 커짐.
肥沃(비옥) – 땅이 기름짐.

捉 잡을 착

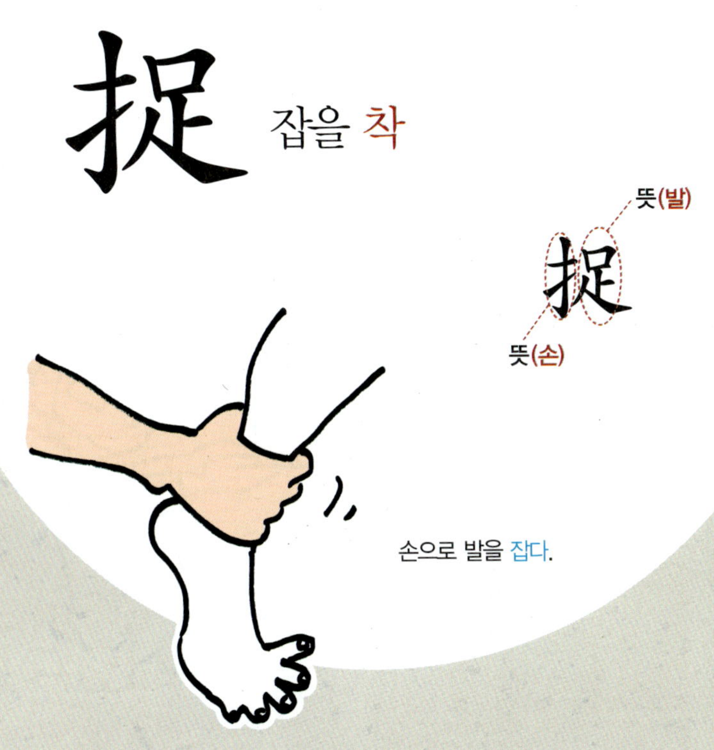

■ **활용 단어**

捕捉(포착) – 꽉 잡음. "혐의가 포착되다"

尊 높을 **존**

모양**(향기)**

뜻**(술)**

뜻**(손)**

향기 나는 술을 손으로 들어
높은 분에게 주다.
글자의 윗부분 八을 향기가 나는
모양으로 연상하라.

■ **활용 단어**

尊貴(존귀) – 높고 귀함.
尊敬(존경) – 높이 받들어 공경함.

遵 좇을 **준**

뜻(높다)
음(존 → 준)

뜻(나아가다)

나아가며 높은 분의
뒤를 좇다.

■ **활용 단어**

遵法(준법) – 법을 좇아 지킴.
遵守(준수) – 따라야 할 내용을 그대로 좇아서 지킴.

猶 망설일 유

짐승이 향기 나는
술 앞에서 망설이다.
猶 자는 오히려라는
뜻으로도 쓰인다.

■ 활용 단어

猶豫(유예) – 망설이며 미룸. "집행 유예"

過猶不及(과유불급) – 정도가 지나침은 오히려 미치지 못한 것과 같음.

徒 무리 도

나아가며 달리는 무리
徒 자는 걸어다니다,
헛되다는 뜻으로도
쓰인다.

활용 단어

暴徒(폭도) – 폭동을 일으킨 무리.

徒步(도보) – 걸어감. "도보 여행"

無爲徒食(무위도식) – 아무 일도 하지 않고 헛되이 놀고먹음.

專 오로지 전

글자의 윗부분 車은 물레를 연상하라.
손으로 물레를 돌리기만 하는
모습에서 오로지라는 뜻이 생겼다.
또한 물레를 돌릴 때 천천히 또는
빠르게 돌릴 수 있으므로 마음대로
하다라는 뜻으로도 쓰인다.

■ 활용 단어

專念(전념) – 오로지 한 가지 일만 생각함.
專橫(전횡) – 제 마음대로 함. "전횡을 일삼다"

轉 구를 전

차바퀴가 구르다.
차가 굴러서 앞으로
나아가므로 옮기다는
뜻으로도 쓰인다.

■ **활용 단어**

回轉(회전) – 어떤 것을 중심으로 빙빙 도는 것.
移轉(이전) – 다른 곳으로 옮김.

175

傳 전할 전

뜻(사람)
傳
음(전)

사람이 전하다.
傳 자에는 전기라는
뜻도 있다.

■ 활용 단어

傳達(전달) – 전하여 이르게 함.
傳記(전기) – 한 사람의 일생을 적은 기록.

團 둥글 단

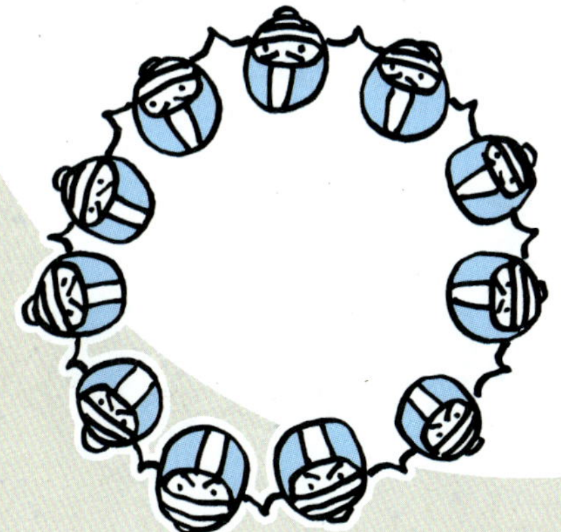

오로지 한마음으로
둘레를 만들며
둥글게 모이다.

■ **활용 단어**

團欒(단란) – 둥글게 원만함. "단란한 가족"
團體(단체) – 어떤 목적으로 모인 조직체.

惠  은혜 혜

모양(물레)

뜻(마음)

물레가 계속 돌듯
한결같은 마음으로
베푸는 은혜.

■ **활용 단어**

恩惠(은혜) – 남에게 베풀어 주는 고마운 일.
特惠(특혜) – 특별한 혜택.

盡

다할 진

글자의 윗부분 **聿**은
손에 솔을 든 모습을 연상하라.
손에 솔을 들고 그릇을 닦으니
식사를 다하다.

■ 활용 단어

賣盡(매진) – 모두 다 팔려 동이 남.
盡力(진력) – 힘을 다함.

福 복복

뜻(신)

음(복)
모양

글자의 오른쪽 부분 畐는
제사용 술 단지를 연상하라.
제단에 술을 따라놓고
신에게 복을 빌다.
福 자에는 음복하다는
뜻도 있다.

■ **활용 단어**

祝福(축복) – 복을 빔.
飮福(음복) – 제사를 지낸 후에 제사에 쓴 술을 마심.

幅 폭 폭

■ **활용 단어**

小幅(소폭) – 작은 폭.
大幅(대폭) – 큰 폭.

富

부유할 부

글자의 아랫부분 畐은 복을 빌 때
쓰는 술단지로, 여기서는
복(福)으로 해석하라.
집에 복이 있으니
부유하다.

■ **활용 단어**

富貴(부귀) – 부유하고 지위가 높음.
富者(부자) – 부유한 사람.

副 버금 부

글자의 왼쪽 부분 畐는
신에게 복을 빌 때 쓰는
술 단지를 연상하라.
술 단지를 칼로 자르니
완전하지 못하고
버금가다.

■ **활용 단어**

副教授(부교수) – 정교수의 아래 지위.

副食(부식) – 주식에 곁들여 먹는 음식. 밥에 딸린 반찬 따위를 이른다.

 옛 사사로울 사

私(사) 자의 옛 글자이다.
사람의 팔꿈치를 연상하고,
부수로 쓰일 때는
사사롭다, 팔꿈치로 해석하라.

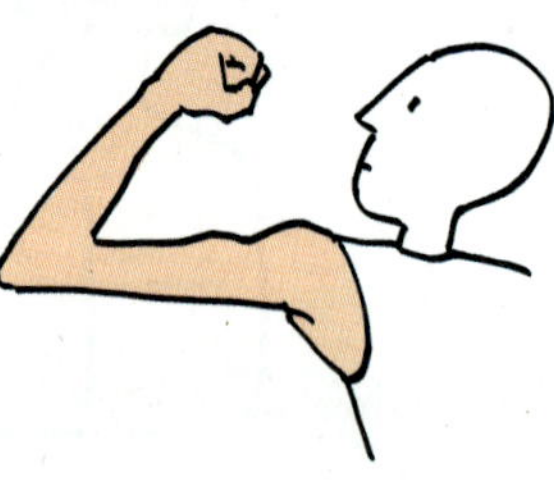

사용 예 : 私(사사로울 사)

私 사사로울 사

곡식을 팔꿈치로 당겨 자기 것으로 사사로이 챙기다.

■ **활용 단어**

私有(사유) – 개인이 소유함.
私慾(사욕) – 개인의 욕심.

公 공평할 공

八(나누다)은 일의 진행을
끊는 모습을 의미한다.
누군가가 사사롭게 챙기는 것을 그렇게
하지 못하도록 끊으니 공평하게 하다.
公 자에는 공적이라는
뜻도 있다.

■ **활용 단어**

公平(공평) – 어느 한쪽으로 치우치지 않고 고름.
公職(공직) – 공적인 일을 하는 직책.

松 소나무 송

나무의 한 종류인
소나무.

■ **활용 단어**

松林(송림) – 소나무 숲.
老松(노송) – 늙은 소나무.

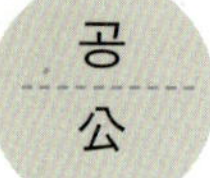

頌 칭송할 송

우두머리를 칭송하다

■ 활용 단어

稱頌(칭송) – 우러러 칭찬하거나 기리어 말함.
頌德碑(송덕비) – 어떤 사람의 덕을 칭송하며 세운 비석.

188

訟 송사할 송

말로 송사하다.

■ **활용 단어**

訴訟(소송) – 재판을 거는 것.
訟事(송사) – 소송.

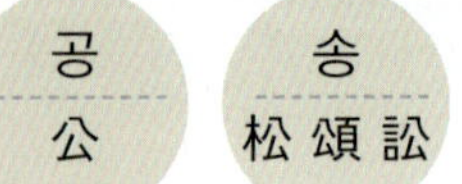

翁 어르신 옹

음(공→옹)

모양

글자의 아랫부분 羽는
수염을 연상하라.
수염이 난 어르신.

■ 활용 단어

塞翁之馬(새옹지마)
　　변방에 사는 노인의 말이란 뜻으로, 인생의 좋고 나쁨을 예상하기가 힘들다
는 말. 옛날에 변방에 살던 노인이 기르던 말이 달아나서 낙심하였는데, 그
후에 달아났던 말이 다른 말을 끌고 와서 좋아하였으나 아들이 그 말을 타
다가 떨어져서 다리가 부러졌으므로 낙심하였는데, 그것 때문에 아들이 전
쟁에 끌려 나가지 아니하여서 좋아하였다는 이야기에서 유래한다.

會 모을 회

글자의 위와 아랫부분은
뚜껑이 있는 그릇을 연상하고,
가운데 부분은 여러 가지 내용물을
모아놓은 모습을 연상하라.
會 자에는 맞다, 기회라는
뜻도 있다.

■ **활용 단어**

會食(회식) – 모여서 식사를 함.
會心(회심) – 마음에 맞음. "회심의 미소"
機會(기회) – 적당한 때.

各 각각 각

■ 활용 단어

各各(각각) – 하나하나.
各界(각계) – 각 분야.

閣 누각 각

뜻(문)

음(각)

문이 있는 누각.
閣 자는 행정부의 중심 조직인
내각이라는 뜻도 있다.

■ 활용 단어

樓閣(누각) – 높은 다락 집.
内閣(내각) – 행정부의 중심 조직.

格 격자 격

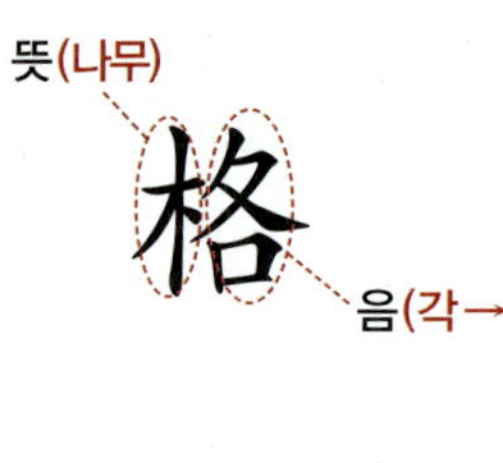

뜻(나무)

格

음(각 → 격)

나무 격자.
格 자는 격식, 품위,
맞서다는 뜻으로도
쓰인다.

■ 활용 단어

格子(격자) – 네모꼴 무늬로 짠 물건.
規格(규격) – 물건을 일정하게 만들도록 정한 규칙.
品格(품격) – 품위.
格鬪(격투) – 서로 맞서서 싸움.

絡 이을 락

뜻(각각)
음(각 → 락)

絡

뜻(실)

각각의 실을 잇다.
絡 자에는 맥이란
뜻도 있다.

■ **활용 단어**

連絡(연락) – 잇다라는 뜻이며, 어떤 사실을 상대편에게 알린다는 의미로도
　　　　　쓰임.
脈絡(맥락) – 몸의 맥을 뜻하며, 어떤 내용의 흐름을 의미하기도 함.

落 떨어질 락

뜻(풀)

음(각→락)

뜻(물)

풀에서 물이
떨어지다.
落 자에는 마을이란
뜻도 있다.

■ 활용 단어

墜落(추락) – 위에서 아래로 떨어짐.
部落(부락) – 마을.

略 대략 략

각각의 밭을 대략적으로 나누다.
略 자는 줄이다, 꾀하다,
빼앗다는 뜻도 있다.

■ 활용 단어

大略(대략) – 대충 어림잡아서.
省略(생략) – 일부분을 덜어서 줄임.
計略(계략) – 계책과 모략.
侵略(침략) – 불법적으로 남의 나라에 쳐들어가 빼앗음.

客 손 객

뜻(집)

음(각 → 객)

집에 찾아오는 손님.

■ **활용 단어**

客室(객실) – 손님 방.
客席(객석) – 손님 자리.

額 이마 액

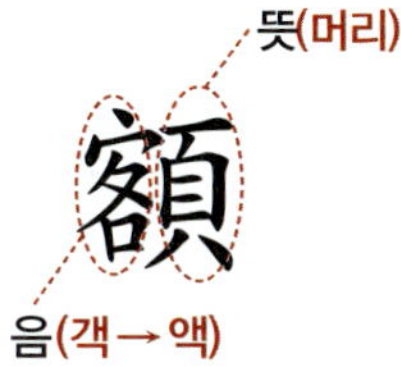

머리의 이마.
額 자는 액수를 뜻하기도 한다.
노예의 이마에 액수가
적혀 있는 모습을
연상하라.

■ **활용 단어**

額面(액면) – 이마의 면이란 뜻이며, 표면에 내세운 가치를 의미함.
　　　　　　"그 사람 말을 액면 그대로 믿으면 안 돼."
金額(금액) – 돈의 액수.

路 길 로

각각의 사람이
발로 걸어 다녀
생긴 길.

■ **활용 단어**

道路(도로) – 넓은 길.
陸路(육로) – 땅 위에 있는 길.

露 이슬 로

공중에서 이슬이 내리다.
또한 공중에 노출되어야
이슬이 맺히므로
드러나다는
뜻도 있다.

■ 활용 단어

草露(초로) – 풀에 맺힌 이슬. "초로 인생"
露出(노출) – 밖으로 드러남.

構 얽을 구

뜻(나무)

음(구)
모양

나무를 얽다.
글자의 오른쪽 부분 冓을 나무를
얽어 놓은 모습으로 연상하라.
構 자에는 건물이라는
뜻도 있다.

■ 활용 단어

構築(구축) – 얽고 쌓아 만드는 것.
構內(구내) – 건물의 안.

202

購 살 구

음(구)

購

뜻(재물)

재물을 주고 사다.

■ **활용 단어**

購買(구매) – 물건을 사는 것.
購讀(구독) – 사서 읽음.

講 강론할 강

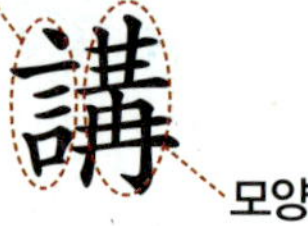

뜻(말)

모양

그림처럼 冓에 대하여
말로 강론하다.
講 자에는 검토하다,
화해하다는 뜻도 있다.

■ **활용 단어**

講義(강의) – 어떤 내용을 체계적으로 풀어서 설명함.
講究(강구) – 검토하고 연구함. "대책을 강구하다"
講和(강화) – 전쟁을 하던 나라들이 싸우지 않고 화해하는 것. "강화 조약"

母 어미 모

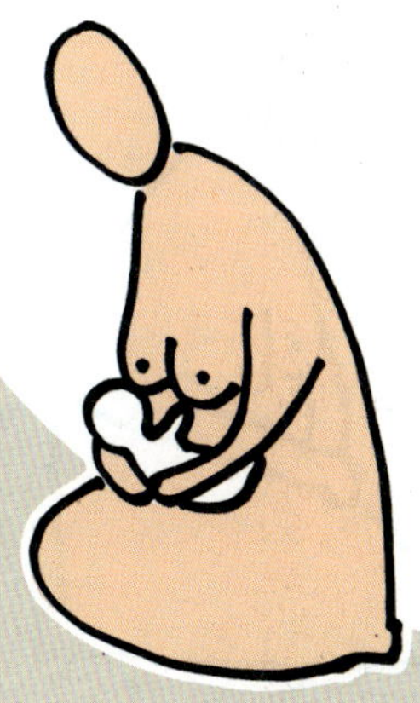

어머니의 젖꼭지 모양을
본떴다.

母子(모자) – 어머니와 아들.
母親(모친) – '어머니'를 정중히 이르는 말.

每 매양 매

모양

每

뜻(어머니)
음(모 → 매)

글자의 윗부분 ⺇은 어머니가
모자를 쓰고 있는 모습을 연상하라.
어머니는 매양 좋은 사람이다.
매양은 '늘, 번번이'라는
뜻이다.

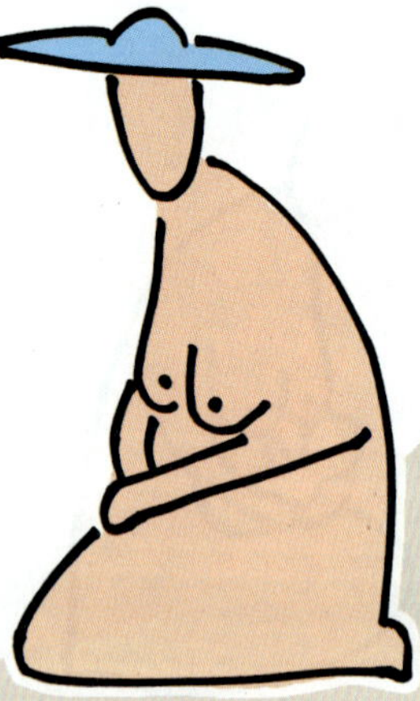

활용 단어

每事(매사) – 모든 일. 하나하나의 일마다.
每番(매번) – 번번이.

梅 매화나무 매

음(매)

梅

뜻(나무)

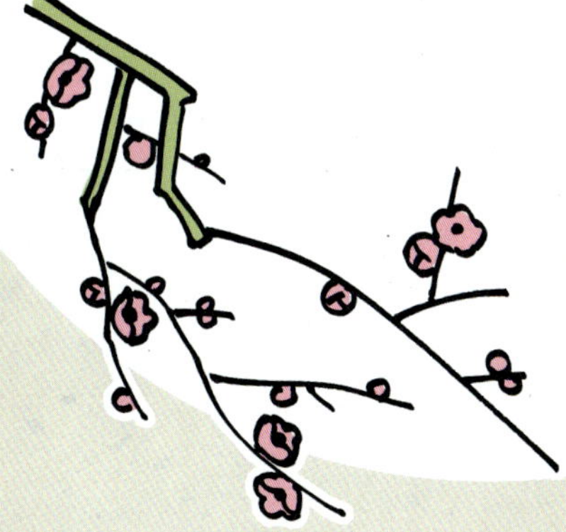

나무의 한 종류인
매화나무.

■ 활용 단어

梅花(매화) – 매화나무 꽃.
梅實(매실) – 매화나무의 열매.

海 바다 해

물로 된 바다.

■ 활용 단어

航海(항해) – 배로 바다를 다님.
海上(해상) – 바다의 위.

侮 업신여길 모

사람을 업신여기다.

■ 활용 단어

侮辱(모욕) – 업신여김과 욕.

受侮(수모) – 모욕을 받음.

悔 뉘우칠 회

마음으로 매양 **뉘우치다**.

■ 활용 단어

悔改(회개) – 뉘우치고 고침.

後悔(후회) – 뒤에 뉘우침.

賊 도둑 적

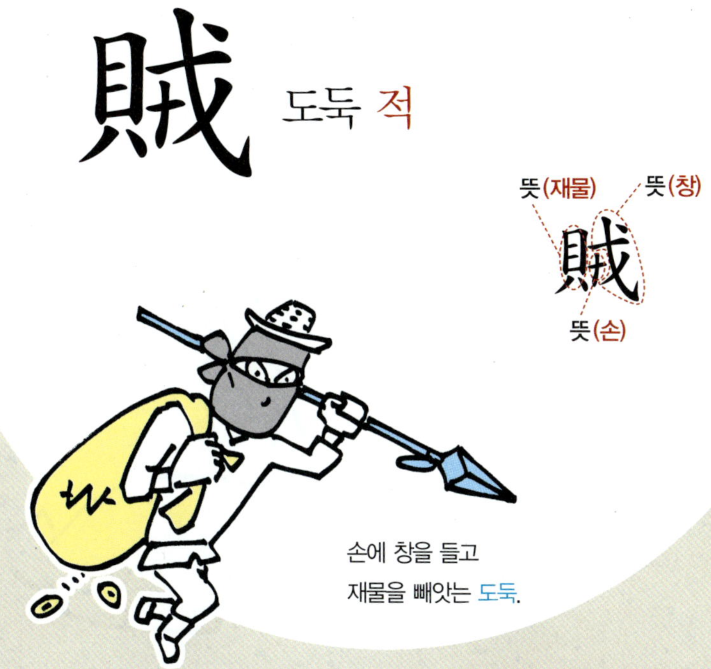

■ 활용 단어

盜賊(도적) – 남의 물건을 훔치거나 빼앗는 도둑.
海賊(해적) – 바다의 도둑.

토끼 토

토끼 모습을 본뜬 글자이다.
兎 자는 兔 자의
속자(俗字)이다.
한편 兔 자와 兔 자는
같은 글자이다.

■ 활용 단어

兔死狗烹(토사구팽) – 토끼를 잡으면 사냥개를 삶는다는 뜻으로, 필요할
때는 쓰고 필요 없게 되면 버린다는 의미.

逸 달아날 일

토끼가 나아가며 달아나다.
토끼가 달아나는 속도가 뛰어나고,
달아나서 몸을 숨기고,
몸을 숨겼으니 편안하다는
뜻도 있다.

■ 활용 단어

逸脫(일탈) – 어떤 것에서 달아나 벗어남.
逸品(일품) – 아주 뛰어남.
逸話(일화) – 숨은 이야기.
安逸(안일) – 편안함. 또는 편안하고 쉽게 생각하여 관심을 적게 갖는 것.
　　　　　 "안일한 대처"

免 면할 면

토끼(免)가 덫에 걸렸다가
꼬리만 잘리고 도망가서
죽음을 면하는 장면을 연상하라.
免 자는 벗다는
뜻으로도 쓰인다.

■ 활용 단어

免除(면제) – 책임이나 의무를 벗어나게 함.
罷免(파면) – 직무를 벗으니 그만둠.

勉 힘쓸 면

뜻(힘)

음(면)

힘쓰다.

■ 활용 단어

勤勉(근면) – 부지런히 힘씀.

勉學(면학) – 공부에 힘씀. "면학 분위기"

晚 저물 만

뜻(해)

음(면 → 만)

해가 저물다.
또한 해가 저무는 시간은
늦은 때이므로 늦다는
뜻으로도 쓰인다.

■ **활용 단어**

晚餐(만찬) – 저녁 식사.
大器晚成(대기만성) – 큰 그릇은 늦게 만들어진다는 뜻으로, 크게 될
사람은 늦게 이루어진다는 의미.

隹 새 추

새의 모양을 본뜬 글자이다.
隹 자는 음으로 쓰이는 경우가 많은데
그럴 때는 추로 읽힌다.

사용 예 : 集(모을 집)

推 밀 추

뜻(손)

음(추)

손으로 밀다.
화교들은 문에 밀다라는 의미의
'PUSH' 대신 '推'라고 써 놓는다.
推 자는 천거하다, 옮다,
미루어 헤아리다는
뜻으로도 쓰인다.

■ 활용 단어

推進(추진) – 밀고 나아감.
推薦(추천) – 천거함.
推移(추이) – 시간에 따라 옮아 가거나 변함.
推理(추리) – 사리를 미루어서 생각함.

稚 어릴 치

음(추 → 치)

稚

뜻(곡식)

곡식이 어리다.

■ 활용 단어

幼稚園(유치원) – 초등학교에 들어가기 전의 어린이들을 가르치는 기관.
稚魚(치어) – 어린 물고기.

誰 누구 수

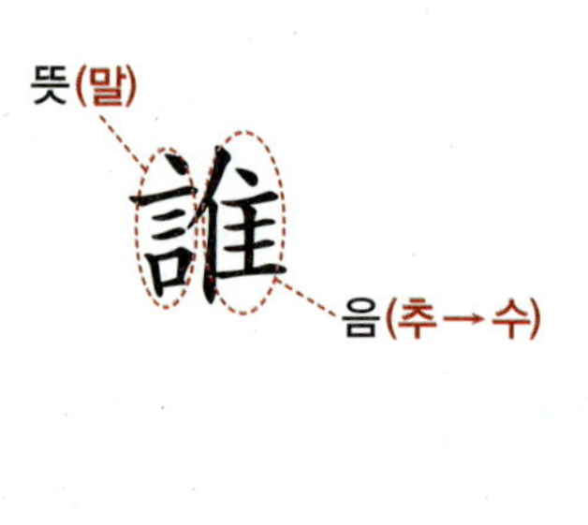

■ **활용 단어**

誰何(수하) – 누구. "수하를 막론하고"

220

懼 두려워할 구

뜻(마음)　뜻(눈)

懼

뜻(새)
음(추→구)

두 눈을 크게 뜬
새처럼 마음으로
두려워하다.

■ 활용 단어

悚懼(송구) – 마음에 두려워서 거북스러움. "송구한 마음"

疑懼心(의구심) – 믿지 못하고 두려워하는 마음.

料 헤아릴 료

쌀을 말로 되어 양을 헤아리다.
수나 양을 헤아린다는 뜻에서
더 나아가 '먹을거리'의 거리라는
뜻을 지니게 되었으며,
값이라는 뜻으로도 쓰인다.

■ **활용 단어**

料理(요리) – 헤아려 다스림.
　　　　　특별한 재료나 기술이나 솜씨로 만든 음식.
材料(재료) – 물건을 만드는 데 구성요소가 되는 거리.
料金(요금) – 대가로 치르는 돈.

欠 하품 흠

입을 크게 벌리고 하품하는
모습을 본뜬 부수이다.
부수로 쓰일 때는 일반적으로
입을 크게라는 뜻으로 해석하라.

사용 예 : 歡(기뻐할 환)

觀 볼 관

음(관)

뜻(보다)

글자의 뜻은 보다이다.
글자의 왼쪽 부분 雚은 머리에
관이 있는 새를 연상하라.
觀 자는 보이다의
뜻으로도 쓰인다.

활용 단어

觀察(관찰) – 잘 보고 살피는 것.
美觀(미관) – 아름답게 보이는 모습.

歡 기뻐할 환

입을 크게 벌리고
기뻐하다.

■ 활용 단어

- 歡聲(환성) – 기뻐서 지르는 소리.
- 歡迎(환영) – 기뻐하며 맞음.

權

권세 **권**

뜻(나무)

音(관 → 권)

하늘을 찌를 듯 솟은
나무처럼 높은 권세.
權 자는 임기응변이란
뜻도 있다.

■ 활용 단어

權勢(권세) – 아주 큰 권력.
權謀術數(권모술수) – 임기응변의 책략과 술책.

勸 권할 권

뜻(힘)

음(관 → 권)

힘써서 권하다.

■ 활용 단어

勸告(권고) – 어떤 일을 권함.
勸獎(권장) – 어떤 일을 권면함.

227

鶴 두루미 학

모양

鶴

뜻(새)

새의 한 종류인 학.
글자 왼쪽 아랫부분 부수 隹는 '새'이고,
윗부분 冖은 새가 날아가는 모습을 연상하라.
나중에 뜻을 확실하게 하기 위하여
오른쪽에 鳥를 추가하였다.

■ 활용 단어

紅鶴(홍학) – 붉은 학이란 뜻으로, 새의 한 종류.
群鷄一鶴(군계일학) – 많은 닭들 속에 있는 한 마리의 학이란 뜻으로,
많은 사람 가운데서 뛰어난 인물을 의미함.

確 굳을 확

음(학→확)

確

뜻(돌)

돌처럼 굳다.
確 자에는 확실하다는
뜻도 있다.

■ 활용 단어

確固(확고) – 튼튼하고 굳음. "확고한 신념"

確言(확언) – 확실하다고 말함.

행
行

형
衡

行

다닐 행, 항렬 항

사거리를 본뜬 글자이다.
사거리를 다니다는 뜻이며,
일반적으로 행하다의 의미도 있다.
또 전혀 다른 음과 뜻인
항렬 항 자로도 쓰인다.

■ 활용 단어

行商(행상) – 다니면서 장사하는 사람.
行實(행실) – 행동으로 드러나는 품행.
行列(항렬) – 같은 혈족 간의 관계. "같은 항렬"

衡 저울대 형

모양

衡

음 (행 → 형)

그림과 같은
저울대를 연상하라.

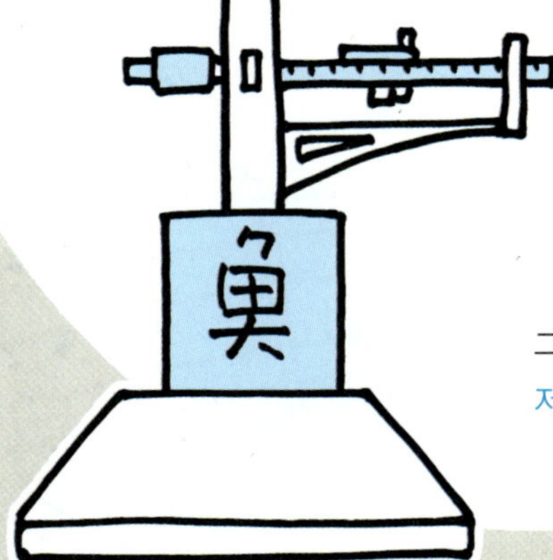

■ 활용 단어

平衡(평형) – 저울대가 수평인 상태.

均衡(균형) – 어느 한쪽으로 치우치지 않은 상태.

重

무거울 중

무거운 물건을 들어 올리는
모습을 연상하라.
重 자에는 겹치다, 위급하다,
중요하다는 뜻도 있다.

■ 활용 단어

重量(중량) – 무게.
重複(중복) – 거듭되거나 겹침.
重態(중태) – 병이 위급한 상태.
重要(중요) – 소중하고 요긴함.

種 씨 종

뜻(무겁다)
음(중→종)

種

뜻(곡식)

곡식에 달려 무거워진 씨.
씨에 따라 다양한 종류의
곡물이 자라므로 種 자에는
종류라는 뜻도 있다.

■ 활용 단어

種子(종자) – 씨.
種類(종류) – 사물의 갈래.

衝 찌를 충

뜻 (무겁다)
음 (중 → 충)

뜻 (다니다, 行)

무거운 놈이 다니며
찌르거나 부딪치다.
衝 자는 요긴한 곳이라는
뜻으로도 쓰인다.

■ 활용 단어

衝天(충천) – 하늘을 찌를 듯이. "사기 충천"
衝突(충돌) – 서로 부딪침.
要衝地(요충지) – 군사적으로 요긴한 곳.

動 움직일 동

무거운 것을
힘을 써서 움직이다.
動 자에는 어지럽다는
뜻도 있다.

■ 활용 단어

移動(이동) – 움직여 옮김.
動亂(동란) – 전쟁으로 사회가 어지러움. "육이오 동란"

欲 하고자 할 욕

뜻(골짜기)

뜻(입을 크게)

입을 크게 벌리고
골짜기처럼 빈 곳을
채우고자 하다.

■ **활용 단어**

欲求(욕구) – 무엇을 하고자 구함.
欲望(욕망) – 무엇을 하고자 바람.

236

慾 욕심 욕

慾
- 뜻(하고자 하다)
- 음(욕)
- 뜻(마음)

마음에 무언가 하고자 하는
욕심을 부리다.
참고로 현대에 와서는
욕심이라는 단어에
欲 자와 慾 자가
모두 쓰이고 있다.

■ **활용 단어**

過慾(과욕) – 지나친 욕심.
貪慾(탐욕) – 지나치게 가지고 싶어하는 욕심.

加 더할 가

뜻(힘)

加

음(구 → 가)

힘을 더하다.

■ 활용 단어

加勢(가세) – 힘을 더함.
加減(가감) – 더하거나 빼는 것.

架 건너지를 **가**

음**(가)**

뜻**(나무)**

나무를 건너질러
만든 시렁.

■ 활용 단어

高架道路(고가도로) – 높이 가로질러 만든 도로.
書架(서가) – 책을 얹어 놓는 선반.

賀

하례할 하

뜻(더하다)
음(가 → 하)

賀

뜻(재물)

재물을 더하여 주며
하례하다.

■ **활용 단어**

祝賀(축하) – 축복하면서 하례함.
賀客(하객) – 하례하는 손님.

維 굵은줄 유

새를 실로 만든 굵은 줄로 매다.
維 자는 유지하다는
뜻도 있다.

■ 활용 단어

纖維(섬유) – 가는 실과 굵은 실.
維持(유지) – 어떤 상태나 상황을 계속 지탱함.

左

윈 **좌**

뜻(손)

뜻(만들다)

무엇을 만들 때 쓰는
공구를 든 손은 왼손.
左 자에는 낮다는
뜻도 있다.

■ 활용 단어

左側(좌측) – 왼쪽.
左遷(좌천) – 낮은 자리로 옮김.

242

佐 도울 좌

음(좌)

佐

뜻(사람)

사람을 돕다.

■ 활용 단어

補佐(보좌) – 윗사람을 도움.

象

코끼리 상

코끼리 모습을
본뜬 글자이다.
象 자에는 형상이라는
뜻도 있다.

■ 활용 단어

象牙(상아) – 코끼리의 어금니.
現象(현상) – 사물의 실제 모양이나 상태.

像 본뜬형상 상

사람처럼 꾸민
코끼리 모양에서
본뜬 형상을
연상하라.

■ 활용 단어

肖像(초상) – 사람의 용모를 본떠서 그린 화상.

想像(상상) – 없는 모양을 생각 속에 그리는 것.

辯 말잘할 변

글자의 양끝이 맵다는 뜻의
辛(신)이므로, 매섭게
말을 잘하다는 뜻이다.

■ **활용 단어**

辯護(변호) – 어떤 사람을 보호하기 위하여 말을 잘함.
達辯(달변) – 능숙하게 말을 잘함.

辨 분별할 변

글자의 양끝이 맵다는 뜻의
辛(신)이므로, 매섭게
칼로 자르듯 시비를
분별하다는 뜻이다.

■ 활용 단어

辨別力(변별력) – 분별하여 잘 가려내는 능력.
辨明(변명) – 시비를 분별하여 밝힘. 또는 자기의 잘못에 대하여 구실을
　　　　　　대는 의미로도 쓰임.

247

爲 할 위

뜻(손)

모양(코끼리)

코끼리를 손으로 부리는
모습을 본뜬 글자이다.
코끼리가 일을 하는
모습을 연상하라.

■ 활용 단어

行爲(행위) – 어떤 일을 하는 것.
爲政者(위정자) – 정치를 하는 사람.

248

僞 거짓 위

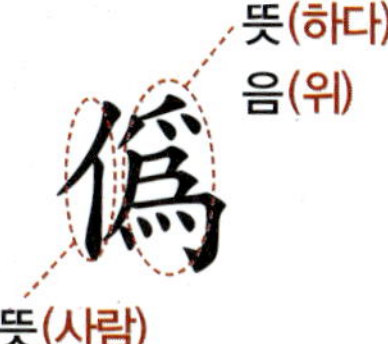

사람이 하는 일이
거짓이다.

■ **활용 단어**

僞造(위조) – 거짓으로 만듦.

僞證(위증) – 거짓으로 증언함.

· 1893 漢字 찾아보기 ·

이 책은 정부에서 공표한 상용한자 1800자를 기본으로 하였고, 그 외에 93자를 추가하여 총 1893자를 수록하였습니다.

이 책에 수록된 1893자는 한자능력검정시험 3급에 해당되는 한자 1817자를 모두 포함하였으며, 한자능력검정시험 8급~3급 한자 찾아보기는 8권 뒷부분에 별도로 첨부하였습니다.

참고로 상용한자 1800자 외에 추가로 수록한 한자들은 쉽게 구분할 수 있도록 빨간 색으로 처리하였습니다.

※ 찾아보기에서 한자 옆의 숫자는 해당 한자가 수록된 권과 페이지 표시입니다.

· 부수 찾아보기 ·

부수는 옥편에서 한자를 찾기 위한 길라잡이 역할을 합니다. 또한 한
자에서 뜻을 나타내는 부분은 대개 부수에 해당됩니다
우리가 잘 알고 있는 '물 수(水)', '흙 토(土)' 등이 이러한 부수에 해
당됩니다.
그러나 아무런 뜻 없이 한자 형태의 일부로만 쓰이는 부수도 있습니
다. 예를 들어 '돼지 해(亥)'자의 머리 부분에 있는 부수 ㅗ 는 '돼지
해머리'로 부르나 아무 뜻도 지니지 않습니다.
한자 책들마다 부수 명칭이 조금씩 다르므로 이 책에서는 전국한자교
육추진총연합회에서 제시한 부수 명칭을 인용하였습니다.

※ 찾아보기에서 부수 한자 옆의 숫자는 해당 한자가 수록된 권과 페이지 표
　시입니다. 이 책들에 실리지 않은 부수는 표시하지 않았습니다.

날로먹는 漢字 ③

초판 1쇄 발행 | 2010년 9월 1일

지은이 | 원종호
그린이 | 김복태
발행인 | 김태진 승영란
디자인 | 디자인붐
마케팅 | 함송이
경영관리 | 이나영
펴낸 곳 | 에디터
주소 | 서울특별시 마포구 공덕동 105-219 정화빌딩 3층
문의 | 02-753-2700, 2778 FAX 02-753-2779
등록 | 1991년 6월 18일 제313-1991-74호

값은 뒤표지에 있습니다
ISBN 978-89-92037-59-4 14700
　　　978-89-92037-65-5 (전8권)